文
景

—————

Horizon

Thomas
Bernhard
Meine Preise

我的文学奖

[奥地利] 托马斯·伯恩哈德 著

马文韬 译

上海人民出版社

目　录

特立独行的伯恩哈德——伯恩哈德作品集总序

　　托马斯·伯恩哈德（1931—1989）是奥地利最有争议的作家，对他有很多称谓：阿尔卑斯山的贝克特、灾难作家、死亡作家、社会批评家、敌视人类的作家、以批判奥地利为职业的作家、夸张艺术家、语言音乐家等。我以为伯恩哈德是一位真正富有个性的作家。叔本华曾写道："每个人其实都戴着一张面具和扮演一个角色。总的来说，我们全部的社会生活就是一出持续上演的喜剧。"[1]伯恩哈德是一位憎恨面具的人。诚然，在现实社会中，绝对无遮拦是不可能的，正如伯恩哈德所说："您不会清早起来一丝不挂就离开房间到饭店大厅，也许您很愿意这样做，但您知道是不可以这样做的。"[2]是否可以说，伯恩哈德是一个经常丢掉面具的人。1968年在隆重的奥地利国家文学奖颁奖仪式上，作为获奖者的伯恩哈德在致辞时一开始便说"想到死亡，一切都是可笑的"，接着便如他在其作品中常做的那样

1　叔本华：《叔本华思想随笔》，韦启昌译，上海人民出版社，2003年，第106页。

2　Thomas Bernhard, *Gespraeche mit Krista Fleischmann*, Suhrkamp, 2006, p.43.

批评奥地利，说"国家注定是一个不断走向崩溃的造物，人民注定是卑劣和弱智……"，结果可想而知，文化部长拂袖而去，文化界名流也相继退场，颁奖会不欢而散。第二天报纸载文称伯恩哈德"狂妄"，是"玷污自己家园的人"。同年伯恩哈德获安东·维尔德甘斯奖，颁奖机构奥地利工业家协会放弃公开举行仪式，私下里把奖金和证书寄给了他。自1963年发表第一部长篇散文作品《严寒》后，伯恩哈德平均每年都有一两部作品问世，1970年便获德国文学最高奖——毕希纳奖。自1970年代中期，他公开宣布不接受任何文学奖，他曾被德国国际笔会主席先后两次提名为诺贝尔文学奖候选人，他说如果获得此奖他也会拒绝接受。不俗的文学成就，使他登上文坛不久便拥有了保持独立品格所必要的物质基础，使他能够做到不媚俗，不迎合市场，不逢迎权势，不为名利所诱惑，他是一个连家庭羁绊也没有的、真正意义上的富有个性的自由人。如伯恩哈德所说："尽可能做到不依赖任何人和事，这是第一前提，只有这样才能自作主张，我行我素。"他说："只有真正独立的人，才能从根本上做到真正把书写好。"[1] "想到死亡，一切都是可笑的。"伯恩哈德确曾很早就与死神打过交道。1931年，

1　Thomas Bernhard, *Gespraeche mit Krista Fleischmann*, Suhrkamp, 2006, p.110.

怀有身孕的未婚母亲专门到荷兰生下了他，然后为不耽误打工挣钱，把新生儿交给陌生人照料，伯恩哈德上学进的是德国纳粹时代的学校，甚至被关进特教所。1945年后在萨尔茨堡读天主教学校，伯恩哈德认为，那里的教育与纳粹教育方式如出一辙。不久他便弃学去店铺里当学徒。没有爱的、屈辱的童年曾使他一度产生自杀的念头。多亏在外祖父身边度过的、充满阳光的短暂岁月，让他生存下来。但长期身心备受折磨的伯恩哈德，在青年时代伊始便染上肺病，曾被医生宣判了"死刑"，他亲历了人在肉体和精神瓦解崩溃过程中的毛骨悚然的惨状。根据以上这些经历，他后来写了自传性散文系列《原因》《地下室》《呼吸》《寒冷》和《一个孩子》。躺在病床上，为抵御恐惧和寂寞他开始了写作，对他来说，写作从一开始就成为维持生存的手段。伯恩哈德幸运地摆脱了死神，同时与写作结下不解之缘。在写作的练习阶段，又作为报纸记者工作了很长时间，尤其是报道法庭审讯的工作，让他进一步认识了社会，看到面具下的真相。他的自身成长过程和社会经历构成了他写作的根基。

说到奥地利文学，在第二次世界大战后，要首先提到两位作家的名字，这就是托马斯·伯恩哈德和彼得·汉德克，他们都在1960年代登上德语国家文坛。伯恩哈德1963

年发表《严寒》引起文坛瞩目，英格博格·巴赫曼在论及伯恩哈德 1960 年代的小说创作时说："多年以来人们在询问新文学是什么样子，今天在伯恩哈德这里我们看到了它。"汉德克 1966 年以他的剧本《骂观众》把批评的矛头对准传统戏剧，指出戏剧表现世界应该不是以形象而是以语言；世界不是存在于语言之外，而是存在于语言本身；只有通过语言才能粉碎由语言所建构起来的、似乎固定不变的世界图像。伯恩哈德和汉德克的不俗表现使他们不久就被排进德语国家重要作家之列，并先后于 1970 年和 1973 年获得最重要的德国文学奖——毕希纳奖。如果说直到这个时期两位作家几乎并肩齐名，那么到了 1980 年代，伯恩哈德的小说、自传体散文以及戏剧的成就，特别是在他去世后的 1990 年代，超过了汉德克，使他成为奥地利最有名的作家。正如德国文学评论家赖希-拉尼茨基所说："最能代表当代奥地利文学的只有伯恩哈德，他同时也是我们这个时代德语文学的核心人物之一。"伯恩哈德创作甚丰，他 18 岁开始写作，40 年中创作了 5 部诗集、27 部长短篇散文作品（亦称小说）、18 部戏剧作品，以及 150 多篇文章。他的作品已译成 40 多种文字，一些主要作品如《历代大师》《伐木》《消除》《维特根斯坦的侄子》等发行量早已超过 10 万册，他的戏剧作品曾在世界各大主要剧场上演。伯恩哈德逝世后，他的戏剧作品在不断增加，原本被称为散文作品或小说的《严寒》《维特根斯坦的侄子》《水泥地》和《历代大师》等先后被搬上了舞台。

以批判的方式关注人生（生存和生存危机）和社会现实（人道与社会变革）是奥地利文学的传统，伯恩哈德是这个文学链条上的重要一环。如果说霍夫曼斯塔尔指出了普鲁士式的僵化，霍尔瓦特抨击了市侩习性，穆齐尔揭露了典型的动摇不定、看风使舵的卑劣，那么伯恩哈德则剖析了习惯的力量，讽喻了对存在所采取的愚钝的、不加任何审视和批评的态度。他写疾病、震惊和恐惧，写痛苦和死亡。他的作品让人看到形形色色的生存危机，以及为维护自我而进行的各种各样的努力和奋斗。这应该说不是文学的新课题，但伯恩哈德的表现方法与众不同，既不同于卡夫卡笔下的悖谬与隐喻，也不同于荒诞派所表现的要求回答意义与世界反理性沉默之间的对峙。伯恩哈德把他散文和戏剧中人物的意图和行为方式推向极端，把他们那些总是受到威胁、受到质疑的绝对目标，他们的典型的仪式，最终同失败、可悲或死亡联系在一起。他们时而妄自尊大，时而失落可怜；他们所面临的深渊越艰险，在努力逃避时就越狼狈。如果说伯恩哈德早期作品中笼罩着较浓重的冷漠和严寒气氛，充斥着太多的痛苦、绝望和死亡，那么在后期作品中，他常常运用的、导致怪诞的夸张中，包含着巧妙的具有挑战性的幽默和讽刺。这种夸张来自严重得几乎令人绝望的生存危机，反过来它也是让世界和人变得可以忍受的唯一的途径。伯恩哈德通过作品中的人物说，我们只有把世界和其中的生活弄得滑稽可笑，我们才能生活下去，没有更好的方法。从这个意义上说，夸张也是克服生存危机的主要手段。

让我们先概略地了解一下他的主要作品的内容，虽然介绍作品的大致情节实际上不能很好地说明他的作品，因为他的作品，无论有时也称作小说的散文，还是戏剧，都不注重情节的建构。

他的成名作是小说《严寒》（1963），情节很简单：外科大夫委托实习生去荒凉的山村观察隐居在那里的他的兄弟——画家施特劳赫。26 天的观察日记和 6 封信就是这部小说的内容，作为故事讲述者的实习生，随着观察感到越来越被画家的思路所征服，好像进入了他的世界。通过不断地引用画家的话，他的独白，展示了他的彷徨、迷惘，他的痛苦和绝望。他不能像他做医生的兄弟那样有成就，因为他的敏感和他的想象使他无法忍受自然环境的残暴。建造工厂带来的污染使他呼吸不畅；战争中大屠杀留下的埋人坑，让他感到空气似乎都因死者的叫喊而震颤。孤独、失败和恐惧使他愤懑，于是他便用漫无边际的谩骂和攻击来解脱。最后他失踪在冰天雪地里。事实表明，他的疾病是精神上的，他整个人都在瓦解，好像在洪水冲刷下大山的解体。

他的第二部长篇《精神错乱》（1967）可以作为第一部长篇的延伸，是直面瓦解和死亡的一部作品。医生欲让读大学的儿子了解真实的世界，便带他出诊。年轻人客观地叙述他所见到的充满愚钝、疾病、苦痛、疯癫和暴力的世界。他所见到的人，或者肉体在瓦解、在腐烂，如磨坊主一家；或者像把自己关在城堡里的、精神近于错乱的侯爵骚劳，他见到医生无法自制，滔滔不绝讲述起世界的可怕和无法理解。这个世界是一座死亡的学校，到处是冰冷、病态、癫狂和混乱，树林上空飞着鲨鱼，人们呼吸的是符号和数字，概念成了我们世界的形式。骚劳侯爵那段长达100多页的独白，像是精神分裂者颠三倒四的胡说八道，实际上是为了呼吸不停顿、为了免得窒息而亡的生存方式。长篇《石灰厂》（1970）的主人公退居到一个废弃的石灰厂里从事毕生所追求的关于听觉的试验。在深知自己无力完成这项试验后，他杀死了残疾的妻子，结束了自己的生命。长篇《修改》（1975）中，家道殷实的主人公不去管理家业，却专心致志耗费大量资金为妹妹造一座圆锥体建筑物，建成后，妹妹走进去却突然死亡。一心想让妹妹在此建筑中幸福生活的建造者，也随之结束了自己的生命。《水泥地》（1982）的主人公计划写一篇关于一位作曲家的学术论文，但姐姐的来访和离去都使他无法安心写作，于是他便出去旅行，期望能在旅行中安静思考。在旅馆里他想起一年半前在此度假的一个不幸的女人，她的丈夫在假期中坠楼身亡。主人公到墓地发现，墓碑上这个男人姓名的旁边竟然刻着那女人的名字。回到旅馆后他心中再也无法平静。音乐评论家雷格尔是《历代大师》（1985）的主人公，定期到艺术史博物馆坐在展览厅里注视同一幅油画。他认为只要下功夫去寻找，任何大师的名作都有缺点，而只有找出他们的缺点，他们才是可以忍受的。他恨他们同时他又感谢他们，是他们使他留在了这个世界上。但当他的妻子去世时，他才发现，使自己生活在这个世界上这么久的其实不是历代大师，而是他的妻子，他唯一的亲人。《消除》（1986）的主人公木劳为拯救他的精神生活，必须离开他成长的家乡。由于父母（当过纳粹）和兄弟遇车祸死亡，他不得不返乡。这次逗留使他看得更清楚，必须永远离开他的出生之地。他决定去描写家乡，目的是打破普遍存在的对纳粹那段历史的沉默，把所描写的一切消除掉，包括一切对家乡的理解和家乡的一切。《消除》使人想起了许多纳粹时代的、人们业已忘记了的罪行。传统的权威式教育，以及天主教与哈布斯堡王朝的合作，伤害了人们的思考能力，奥地利民族丧失了精神，成为彻底的音乐民族。

以破坏故事著称的伯恩哈德，他那有时也被称为小说的长篇散文当然没有起伏跌宕的情节，但是他对人们弱点的揶揄，对世间弊端的针砭，对伤害人性的习俗和制度的抨击，对人生的感悟，的确能吸引读者，让读者在阅读过程的每个片段都能得到启发。比如《水泥地》中对医生的批评，对慈善机构的斥责，对所谓对动物之爱的质疑，以及对不赡养老人的晚辈的讽刺；《历代大师》中对艺术人生的感悟，对社会上林林总总文化现象的思索，对社会进步的怀疑——吃的食物是化学元素，听的音乐是工业产品，以及对繁琐、冷漠的官僚机构的痛斥，等等。伯恩哈德作品的另一特点是诙谐和揶揄，把夸张作为艺术手段。比如对于《历代大师》中对包括歌德和莫扎特在内的大师们的恶评，在阅读时就不能断章取义，也不能停留在字面上，应该读出作者的用心，一方面是让人破除迷信，另一方面以此披露艺术评论家的心态，揶揄他们克服生存危机的方式。他对家乡、对他的祖国奥地利大段大段的抨击也是如此。奥地利不是像作品中所说的纳粹国家，但纳粹的影响确实没有完全消除；维也纳不是天才的坟墓，但这里的狭隘和成见也的确让许多天才艺术家出走。他的小说不能催人泪下，但能让你忍俊不禁，让你读到在别人的小说里绝对读不到的文字，从而思路开阔，有所感悟。

伯恩哈德的戏剧作品中主人公维护自尊自立、寻求克服生存危机的方式，不像他小说的主人公那样，把自己关闭在一个地方离群索居，或在广漠的乡村，或在一座孤立的建筑物中，不能不为一个计划、一个目标全力以赴，其结局或者怪诞，或者遭遇不幸和失败；而是运用仪式和活动，他们需要别人参加，而这些人到头来并不买账，于是主人公的意图、追求的目标往往以失败告终。比如他的第一个剧本《鲍里斯的节日》（1970）中，主人公是一个失去双腿的女人，她把失去双腿的鲍里斯从残疾人收养院里接了出来并与其结婚。女人强烈地想要摆脱不能独立、只能依赖他人的处境，于是便举行庆祝鲍里斯生日的仪式。她从残疾人收养院里请来13位没有双腿的客人，满足她追求与他人处境相同的欲望，对她的健康女仆百般虐待凌辱，并令其在仪式上坐轮椅，通过对他人的贬低和奴役来克服自己可怜无助的心态，通过施恩于更可怜的人得到心理上的满足。这一天不是鲍里斯的节日，而是女主人公的节日，鲍里斯在仪式结束时突然死去。1974年首演于萨尔茨堡的《习惯的力量》中，主人公马戏班班主、大提琴师加里波第，为了克服疾病、衰老和平庸混乱的现状，决定组织一个演奏小组，让马戏班的小丑、驯兽师、杂耍演员以及自己的外孙女同他一起精心排练演出弗兰茨·舒伯特的《鳟鱼五重奏》。他利用自己的权力，恩威并施地去实现这个理想，年复一年怪诞的演练变成了马戏班的常规。目的不见了，习惯掌握了权力。尽管演奏组成员不能挣脱最基本的习性和需求，排练经常变成相互厮打，与意大利民族英雄加里波第同名的马戏班班主成了习惯力量控制的奴隶。在1974年首演于维也纳城堡剧院的《狩猎的伙伴们》中，一位只配谈论死亡供人消遣的戏剧家，在将军的狩猎屋里与将军夫人打牌，谈论将军的重病，以及当初曾为将军提供庇护的这座森林发生的严重虫灾。在斯大林格勒失掉一条胳膊的将军，有权有势的强者，在听到作家告诉他其妻一直隐瞒的真相后开枪自杀了。所谓的生存的主宰者自己反倒顷刻间毁灭，怀疑、讽刺生存境况者却生存下来。剧本《伊曼努尔·康德》（1978）中，日趋衰老的哲学家康德偕夫人，有仆人带着爱鸟鹦鹉跟随，前往美国去治疗可能会导致失明的眼病，在船上遇到各种人物：百万富婆、艺术收藏家、主教、海军将领等。在他们的日常言谈话语中隐藏着残忍和偏执。作为和谐和人道思想代表的康德，在客轮鸣笛和华尔兹舞曲的干扰中开始讲课。除了他的鹦鹉，他的关于理性的讲课没有听众。轮船到达目的地后，他立即被精神病医生接走。《退休之前》（1979）涉及德国纳粹那段历史，曾是党卫军军官的法庭庭长鲁道夫·霍勒尔与其姐妹维拉和克拉拉住在一起，每年都给纳粹头子希姆莱过生日，他身穿党卫军军官制服，强迫克拉拉穿上集中营犯人的囚服。习惯了发号施令决定他人命运的霍勒尔在家里是两姐妹的权威。一个顺从他，甚至与他关系暧昧；另一个虽然恨他，诅咒他，但又不愿意离开这个家。因为他们都习惯了自己的角色，走不出他们共同演的这出戏。在这一年希姆莱生日的这天，霍勒尔饮酒过量把戏当真了，他大喊大叫不再谨慎小心："我们的好日子回来了，我们有当总统的同事，不少部长都有纳粹的背景。"最后因兴奋激动过度，导致心脏病发作倒下。1985年伯恩哈德的《戏剧人》首演，主人公是一位事业已近黄昏的艺术家，带着他的家庭剧团巡演到了一个小村镇，要在一个简陋的舞厅里演出他的大作《历史车轮》。尽管他架子很大，对演员颐指气使，同时嘴上不断把自己与歌德和莎士比亚相提并论，但他的妻子咳嗽不停，儿子手臂受伤。好歹布置好了舞台，观众也来了百十来人，可惜天不作美，一时间电闪雷鸣，观众大喊牧师院子里着火了，随之一哄而散，演出以失败告终。他不自量力地追求声望，终究未能如愿以偿。《英雄广场》（1988）是伯恩哈德最后一部戏剧作品，犹太学者舒斯特教授在纳粹统治时期流亡国外，战后应维也纳市长邀请返回维也纳，然而当他发现50年来奥地利民众对犹太人的看法并没有任何变化时，便从他在英雄广场旁的住宅楼上跳窗自杀了。其妻在葬礼那天坐在家里，仿佛听到50年前民众在广场上对希特勒演讲发出的欢呼，欢呼声愈来愈响，她终于无法忍受昏倒身亡。教授的弟弟对奥地利这个国家、对奥地利人的批判与其兄相比有过之而无不及，但他是有远见的人，他认为用生命去抗议根本没有用处。

综上所述，我们看到作品中的主人公，或者患病，或者背负着出身的负担，或者受到外界的威胁，或者同时遭受这一切，从根本上危及其生存。于是他们致力于解脱这一切，与出身、传统和其他人分离开来，尽可能完全独立，去从事某种工作，或者追求某种完美的结果。通常他们那很怪诞的工作项目演变成为一种发自内心的强迫，作为绝对的目标，不惜一切代价去实现，这些现代堂吉诃德式人物的绝对要求、绝对目标最后成为致命的习惯。

关于夸张手法上文已有论述，这里要补充的是，几乎伯恩哈德所有作品中的主人公都有大段的对奥地利国家激烈的极端的抨击，常常表现为情绪激动的责骂，使用的字眼都是差不多的：麻木、迟钝、愚蠢、虚伪、低劣、腐败、卑鄙等。矛头所向从国家首脑到平民百姓，从政府机构到公共厕所。怎样看这些文字？第一，这些责骂并无具体内容，而且常常最后推而广之指向几乎所有国家。第二，这些责骂出自作品人物之口，往往又经过转述，或者经过转述的转述，是他们绝望地为摆脱生存困境而发泄出来的。譬如《水泥地》中的"我"在家乡佩斯卡姆想写论文，多年过去竟然一个字也写不出来，只好去西班牙，于是便开始发泄对奥地利的不满；在《历代大师》中，主人公雷格尔在失去妻子后的悲伤和绝望中，从追究有关当局对妻子死亡的罪责，直到发泄对整个国家的愤怒。第三，这些大段责骂的核心是针对与民主对立的权势，针对与变革对立的停滞，针对与敏感对立的迟钝，针对与反思相对立的忘记和粉饰，以及针对习惯带来的灾难和对灾难的习惯。所以，从根本上说，这些大段的责骂是作为艺术手段的夸张。但是其核心思想不可否认是作者的观点，这也是伯恩哈德作品的核心思想。事实证明，他那执着的，甚至体现在他遗嘱中的、坚持与其批判对象势不两立的立场，对他的国家产生了积极作用：1991年，奥地利总理弗拉尼茨基公开表示奥地利对纳粹罪行应负有责任。

可惜在很长时间里，人们没有真正理解这位极富个性的作家，他的讲话、文章和书籍不断引起指责、抗议乃至轩然大波。早在 1955 年担任记者时他就因文章有毁誉嫌疑而被控告，从 1968 年在奥地利国家文学奖颁奖仪式上的获奖讲话中严厉批评奥地利引起麻烦开始，伯恩哈德就成为一个"是非作家"。1975 年与萨尔茨堡艺术节主席发生争论；1976 年他的书《原因》惹恼了萨尔茨堡神父魏森瑙尔；1978 年在《时代周报》上撰文批判奥地利政府和议会；1979 年，因不满德国语言文学科学院接纳联邦德国总统谢尔为院士而声明退出该院；同年指名攻击总理布鲁诺·克赖斯基；1984 年他的小说《伐木》因涉嫌影射攻击而被警察没收；1988 年剧作《英雄广场》在维也纳上演，舞台上，50 年前维也纳英雄广场上对希特勒的欢呼声，似乎今天仍然响在剧中人耳畔。该剧公演前就遭到围剿，媒体、某些政界人士，以及部分民众群起口诛笔伐，要取消剧作者的公民资格，某些人甚至威胁伯恩哈德要当心脑袋。公演在推迟了三周后，终于在 1988 年 11 月举行，观众十分踊跃。一出原本写一个犹太家庭的戏惊动了全国，乃至世界，整个奥地利成了舞台，全世界是观众。1989 年 2 月伯恩哈德在去世前立下遗嘱：他所有的已经发表的或尚未发表的作品，在他去世后在著作权规定的年限里，禁止在奥地利以任何形式发表。

伯恩哈德去世后，在他的故乡萨尔茨堡成立了托马斯·伯恩哈德协会，在维也纳建立了托马斯·伯恩哈德私立基金会，他在奥尔斯多夫的故居作为纪念馆对外开放。无论在德国还是在奥地利，在纪念他逝世10周年暨诞辰70周年期间都举办了各种专题研讨会、报告会和展览会。为纪念伯恩哈德诞辰75周年，德国苏尔坎普出版社在已出版了35种伯恩哈德作品的基础上，于2006年又开始编辑出版22卷的伯恩哈德全集。

今天人们对伯恩哈德的夸张艺术比较理解了，对他的幽默也比较熟悉了，他的书就是要引起人们注意那些司空见惯的事物，挑衅种种习惯的力量，揭示它们的本来面目。正如叔本华所说："真正的习惯力量，却是建立在懒惰、迟钝或者惯性之上，它希望免去我们的智力、意欲在做出新的选择时所遭遇的麻烦、困难，甚至危险。"[1]比如某些思想和观念不动声色的延续。"二战"后，人们在学校里悄悄地用基督受难像取代了希特勒肖像，但权威教育没有任何改变。他认为，从哈布斯堡王朝到第三帝国直到今天，都在竭力繁荣那艺术门类中最无妨害的音乐，在动听的乐曲声中几乎没有人发现奥地利很久没有出现像样的哲学家了。"延续不断"是灾难，而破坏、断裂则是幸运。当人们不是从字

1　叔本华：《叔本华思想随笔》，韦启昌译，上海人民出版社，2003年，第100页。

面上，而是深入字里行间，真正理解了他的夸张艺术手段时，便会发现伯恩哈德作品中体现出来的现代精神。他那十分夸张的文字，有时精确得难以置信。1966年他曾写道，我们将融合在一个欧洲里，这个统一的欧洲将在下一世纪诞生。欧洲的发展进程证实了他的预言。难怪著名奥地利女作家巴赫曼早在1969年评价伯恩哈德的作品时就说："在这些书里一切都写得那么准确……我们只是现在还不认识这写得那么准确的事情，就是说，还不认识我们自己。"

伯恩哈德的书属于那种不看则不想看，看了就难以释手的书。

德国文学评论家赖希-拉尼茨基说："有些人读伯恩哈德觉得难受，我属于读他的作品觉得是享受的那些人之列。"[1]他还说："有人为奥地利文学造出一个新概念：伯恩哈德型作家，这是有道理的。耶利内克、盖·罗特和格·容克，这些知名作家经常在伯恩哈德的影响下写作。"[2]

巴赫曼评价伯恩哈德的书时说："德语又写出了最美的作品，艺术和精神，准确、深刻和真实。"[3]

耶利内克在1989年悼念伯恩哈德逝世时说："伯恩哈

1　Marcel Reich-Ranicki, *Der doppelte Boden*, Frankfurt, Fischer, 1994, p.63.

2　Marcel Reich-Ranicki, *Der doppelte Boden*, Frankfurt, Fischer, 1994, p.139.

3　Ingeborg Bachmann, *Werke*, Muenchen, Piper, 1982, Bd. 4, p.363.

德是独一无二的，我们，是他的财产。"[1]

伯恩哈德是位享誉世界的作家，同时也是位地道的奥地利作家。疾病几乎折磨了他一生，他生命的最后10年可以说是命运的额外馈赠，疾病磨砺了他的目光，锻炼了他的语言。正如耶利内克所说，将他变成了奥地利的嘴，去做健康者始终觉得是不得体的事：诉说这个国家的真相。奥地利的传统，尤其是哈布斯堡帝国的历史，在他身上留下了深刻的烙印，他对奥地利的批评是出自那种真正的恨爱，正是由于对奥地利的不断的批评，奥地利早已成为他生活中不可或缺的内容。尽管谁拼命地想要属于她，她就首先把谁给踢开。上奥地利是他的家乡，维也纳是他文学活动的主要场所。家乡的许多地方与他书中人物联系在一起，书中的许多场景散发着维也纳咖啡的清香。伯恩哈德书中的语言，词语的选择和构造，发音和语调，都是典型的奥地利式的，他自己曾说："我的写作方式在德国作家那里是不可想象的，顺便说一下，我当真很讨厌德国人。"[2] 顺便说的这半句就没有必要了，这就是伯恩哈德，一个极富个性的奥地利人。他的书对我们了解奥地利这个国家和她的人民是很有帮助的。这也是译者译他的书的原因之一。

---

1 Sepp Dreissinger, *13 Gespraeche mit Thomas Bernhard*, Weitra, 1992, p.159.

2 Sepp Dreissinger, *13 Gespraeche mit Thomas Bernhard*, Weitra, 1992, p.112.

我读伯恩哈德以来，已过去几十年，对其作品的了解在逐渐加深。首先，他喜欢大量运用多级框形结构的长句，加上他的夸张手法，他的幽默和自嘲，让你不得不反复去读，才有可能吃透他要表达的意思，才能咂摸出他作品个中滋味。他的作品文字并不艰深，结构也不复杂，叙述手段新奇而不怪诞，但是，想完全读懂伯恩哈德实属不易。赖希-拉尼茨基曾多次称，面对伯恩哈德的作品他感到发憷，他甚至害怕评论他的作品，因为找不到一种尺度去衡量，他说，伯恩哈德不是我们中的一个，他太独立特行，是极端的另类。

　　我们可能暂时还读不透他的书，或者可能常常误读他，但有一点是肯定的，我们在他的书中往往能读到在别的书中读不到的东西，他的书让我们开阔眼界，让我们重新考虑和认识那些司空见惯的事物。读他的书你不能不佩服他写得真实，他把纷乱和昏暗的事物照亮给你看，他运用的照明工具就是夸张和重复。为了真实表现世界，他从来都走自己的路，如果说他的书中也涉及爱情的话，他决不表现情色和性欲，他的文字绝对干净，他这样做可能未免太夸张了，但他的书就是要诉之于你的头脑，启迪你思考，而不追求以种种手段调动你的情愫。他是一位令人难以忘怀的作家，他去世了，但仿佛他仍在创作，因为他的戏剧作品在不断增加，他的小说《维特根斯坦的侄子》《历代大师》等，都在他去世后相继作为戏剧作品被搬上舞台。2009 年年初，他生前未发表的作品《我的文学奖》一问世，便登上了畅销书排行榜首位，之前，曾在《法兰克福汇报》上连载。

伯恩哈德离开这个世界已经 30 多年了，但是他的感悟、他的观点仍然能触动我们，令我们关注，他的确是一位属于未来的作家。

马文韬

2009 年春于芙蓉里

2023 年春修改

我的文学奖

格里尔帕策奖

为了参加维也纳科学院举办的格里尔帕策奖颁奖仪式，我得买一套正式场合穿的服装，颁奖前两个小时，我突然意识到，这样一次颁奖典礼毫无疑问是异乎寻常的隆重，不能就穿着休闲裤和套头毛衫去参加，因此在被称为格拉本的宽街上我果断做出决定，去煤市大街购置一套体面而又庄重的服饰，为此我来到因多次买袜子而特别熟悉的男士服装店，这家店的名称不同凡响，叫安东尼爵士，如果我没记错的话，当我走进安东尼爵士服装店时，时间正好是九点三刻，格里尔帕策奖颁奖仪式是十一点开始，就是说我还有足够的时间。我打算，既然是买现成的服装，就买那种最好的、深灰色纯毛料的，再加上与之相匹配的袜子和领带，以及很考究的带蓝灰色条纹的箭牌衬衫。众所周知，在所谓的高档店铺里，让店方听懂顾客的话是很困难的，即使顾客立刻就把自己的愿望表述得很准确也是徒劳，那里的服务员总是先莫名其妙地瞪着眼看着你，使你不得不重复一遍你说的话，自然接待你的售货员还是弄不懂你的意思。因此初次光顾安东尼爵士服装店也是耽搁了好大一会儿，才被引导到应该去的那个货架前。我多次在这里买过袜子，的确熟悉这里的情况，我比售货员更清楚我要买的服装在什么位置。我走到摆放着我可能要买的服装货架前，指着其中的一套，售货员取下它拿到我面前让我看。我查看了一下衣料的质量，便立即到试衣间去试穿：首先穿上裤子，做了几次向前弯腰再向后仰的动作，觉得裤子挺合适；然后再把上衣穿上，在镜子前来回转身看了看，举起臂然后再放下来，如同裤子一样，上衣穿着也挺合身。我在店里穿着套装走了几步，顺便寻找着合适的衬衫和袜子。最后我说，这套衣服我要了，还要穿上我选的衬衫和袜子。我又挑选了一条领带，系起来并拉得紧紧的，然后又照了照镜子，便付款离开了服装店。他们把我原来穿的裤子、套头毛衫等装到一个印有"安东尼爵士"字样的口袋里，于是我拎着这个口袋，越过煤市大街去与我的姑姑会合，我事先约她在克恩滕大街格斯特纳餐馆二楼等我。我们想参加颁奖仪式前在这家餐馆简单吃点东西，一两块三明治，免得在颁奖过程中胃里不适，甚至发生昏厥。我姑姑已经在格斯特纳餐馆等着我了，她把我着装的变化列入可接受的档次，用她那句颇为有名的"还可以吧"表示了她的看法。我本人到那时为止已多年没有穿过套装了，是的，我的装束一直就是休闲裤和套头毛衫，即使去剧院，果真要去看戏的话，我也只穿休闲裤和套头毛衫，充其量穿上那条灰色毛料裤，和那件鲜红的织得很粗糙的套头羊毛衫，这是一个乐天派的美国人在战争刚结束时送给我的。我记得就穿着这身行头我去过几次威尼斯，到过鼎鼎大名的凤凰歌剧院，其中有一次是观看蒙特威尔第的《唐克雷蒂》，由维托里奥·居伊指挥。穿着这身衣服我到过罗马、巴勒莫、陶尔米纳和佛罗伦萨，以及几乎欧洲各国的首府，更不要说，在家里我几乎天天穿着它，它们越寒碜我越是喜欢穿，年复一年人们看见我总是穿着这条裤子和这件套头衫，当年的朋友直至今日还跟我经常谈起这套衣服，一直穿了将近三十年。突然，如上所述，在格拉本大街，格里尔帕策奖颁布前两小时，我觉得在过去的几十年里我一直穿着的、已经可以说与我的身体合二为一的这套衣服，不再那么受宠了，不配与格里尔帕策的名字连在一起的、将在科学院举行的颁奖仪式了。在格斯特纳餐馆落座的那一刻，我忽然感觉到裤子太瘦了，我想穿新裤子也许都是这种感觉，上衣也一下子变得箍在了身上，我想这种情形恐怕也是正常的。我要了一份三明治，喝了一杯啤酒。姑姑问我，在我之前都有谁获得过以格里尔帕策命名的这个奖项，当时我只想起了盖哈

25

特·霍普特曼[1]，我曾读到过有关报道，也是从那时起我才知道有这么一个奖项。我还告诉她，这个奖项不是通常那种定期的，一年或者多少年评一次，而是视具体情况而定，我想两次颁奖之间的距离有个六七年吧，也许有时也间隔五年，不很清楚，至今我也不知详情。自然像参加其他颁奖仪式一样，这次颁奖也让我紧张，我试图让自己和姑姑不去在意离颁奖只有半个小时了，于是我便讲述给她听我刚才做的这件令人难以置信的事情，我走在格拉本大街上，突然决定为今天的仪式买一套正式服装，并且径直去了"安东尼爵士"。对我来说，到煤市大街的这家服装店去买衣服是不言而喻的事情，在那里可以买到英国切斯特·巴里和巴宝莉制衣公司的制服套装。既然是买现成的套装为什么不一下子就买最高级的，现在我穿的就是巴里公司的产品。我姑姑只用手摸了摸衣料，就认可了英国货的质量。她又一次说出她那句颇为有名的话"还可以吧"。关于做工和式样她没说什么。绝对是一流的。她说科学院今天颁发给我格里尔帕策奖，对此她感到欣喜，也很自豪，相比之下欣喜更多。然后便站起来，我跟着她走出了格斯特纳餐馆，来到克恩滕大街上。科学院离这里很近，几步路就

---

1 盖哈特·霍普特曼（Gerhart Hauptmann 1862—1946），德国作家、戏剧家。话剧代表作有《织工》《日出之前》等。1912年获诺贝尔文学奖。

到了。那个上面有"安东尼爵士"字样的口袋我觉得现在拿在手里很别扭，但没有办法，我心里说，在走进科学院前一定设法把它处理掉。几位朋友也已经在路上了，他们不想错过我获此殊荣的场面，我们在科学院礼堂的前厅里见到了他们。这里已经聚集了不少人，看样子似乎礼堂里面已经挤满了人。朋友们不想打扰我们往里边走了，我们四处张望看看有没有什么人接待我们。我和姑姑在科学院前厅里来回走着，但是没有一个人对我们哪怕稍微有所理会。我这时说好吧我们进去吧，我想，礼堂里会有人接待我们，把我和陪同我的姑姑引领到相应的座位上。礼堂里的一切都表明将在这里举行无比隆重的仪式，我顿时感到双膝有些颤抖。姑姑像我一样，也在用眼睛寻觅接待我们的人。就这样我们站在礼堂的入口处等待着，动不了地方。进场的人们从我们身边挤过去，不停地碰撞我们，这不能不让我们认识到，我们选择了最不利的位置来等待。难道没有人接待我们？我和姑姑面面相觑。礼堂几乎坐满了人，我想，这么多人到这里来为什么，不就是因为科学院向我颁发格里尔帕策奖吗？为什么没有人来招呼我和我的姑姑呢？她虽然已经八十一岁高龄，但她的样子好极了，有风度且聪颖，在这一时刻尤其显现出从未有过的胆识。这会儿已经有几位乐师在主席台上就位，一切表明仪式即将开始。但是仍然没有人注意到我们，我们想真是岂有此理，我们毕竟是今天活动的中心呀。我忽然有个想法：我对我姑姑说，我们别在这儿傻等了，干脆坐到礼堂中间去，那里还有几个空座位，到那里坐着等吧。于是我们走进礼堂，往礼堂中间的空座位走去，许多人不得不站起来，抱怨我们在他们面前往里挤。然后我们坐在了科学院礼堂中间第十排或第十一排等待着。这时所谓嘉宾也都入席了，但是仪式当然还没有开始。只有我和我姑姑知道为什么。主席台前方几位焦躁不安的先生越来越快地来回走着，好像在寻找什么。他们的确在寻找什么，他们在寻找我。几位先生在主席台前来回走了一会儿，大厅里已有些骚动不安。这期间科技部长也已到达并在第一排就座。这位女部长受到科学院院长洪格尔的接待，由其引领来到主席台前坐下。接着还有其他一些我不认识的所谓高官显贵到来，洪格尔院长一一接待表示欢迎，并引领他们在第一排或第二排就座。突然我发现主席台上一位先生对另一位耳语了些什么，同时伸手指向第十排或十一排，只有我一个人知道他是在指着我。接着发生了如下的事情：那位跟另一位耳语并朝着我指点的先生走下主席台，正好来到我坐的这一排，好不容易走进来，到了我面前。他说，真是的，您怎么坐在这里，您是这次颁奖典礼的主角儿，怎么不坐到前边第一排？在那里我们（的确他说"我们"）为您和您的陪同留了两个座位，他又问了一次：为什么哪？这会儿似乎礼堂里所有的目光都注视着我和我面前的这位先生。这位先生说，院长请您到前边去，请您现在到前边去，您的座位挨着女部长，您应该坐在那里，伯恩哈德先生。好吧，我说，如果就这么简单，但是我自然是会去第一排的，不过得让洪格尔院长亲自来请我，当然得洪格尔院长亲自来请我过去。我姑姑对眼前这一幕默不作声，参加典礼的客人都把目光投向我们，这位先生又从这一排里走出去，然后回到前边，在女部长身旁对着洪格尔院长的耳朵悄悄地说了些什么。礼堂里又骚动不安起来，好在因为乐师在弹拨他们的乐器才没有使场面变得非常严重，我这时看到洪格尔院长在吃力地向我走来，我想，现在我得坚持到底，要表现出勇气，要始终不渝，绝不要现在起身迎上前去，我想，他们不是也没有真正地迎接你吗。当洪格尔院长来到我面前时，说他很遗憾，到底为什么遗憾他没有说。他请我和我的姑姑到前边第一排去，我和我姑姑的座位在女部长和他的座位之间。于是我姑姑和我便跟随洪格尔院长去了第一排，在那里坐下来，大厅里观众发出一阵含糊不清的咕哝声。随后颁奖典礼终于能够开始了。乐师们，我想，演奏的是莫扎特的某首乐曲。然后开始了或长或短的关于格里尔帕策的报告。当我一次转过脸朝女部长看时，她姓菲恩贝格，这位菲恩贝格部长睡着了，我身旁的洪格尔院长也注意到了，因为女部长打着呼噜，虽然很轻，但她分明是在打呼噜，发出那种举世闻名的所谓部长的轻细的鼾声。我姑姑聚精会神地关注着典礼的程序，每当讲话中某些语句措辞过于笨拙，或者甚至过于可笑时，她便会心地朝我看着。我们俩皆因在这里所见所闻颇长见识。最后，大约过了一个半小时，洪格尔院长站起来走上主席台，宣布向我颁发格里尔帕策奖。他宣读了一些称赞我的作品的话，没有忘记列举一些据说是我的戏剧作品，其实我根本就没有写过，还谈到了在我之前获得格里尔帕策奖的一系列欧洲名人。洪格尔说，伯恩哈德先生获得此奖因为他的剧本《鲍里斯的节日》（这个剧本一年前由城堡剧院在学院剧场上演，一场很糟糕的演出），然后他张开手臂，仿佛要拥抱我。这是要我登上主席台的信号。我站起来朝洪格尔走去。他与我握手，递给我所谓颁奖证书，其无聊和乏味，如同我获得的其他奖项的证书一样，是无与伦比的。我原本就不打算站在台上讲点什么，也根本没有人要求我这样做。因此为掩饰我的窘态，只简短地说了一声谢谢！就又走下来回到了原来的座位坐下。随后洪格尔先生也坐下来，乐师们演奏了一曲贝多芬。伴随着乐曲我想着刚刚结束的整个颁奖典礼的过程，其怪诞、无聊和平庸自然我当时还无法完全意识到。乐师们刚停止演奏，菲恩贝格部长就立刻站了起来，洪格尔院长也随着起立，两人走上主席台。这时礼堂里的人都站了起来拥向主席台，自然是朝着女部长和正在与其谈话的洪格尔院长。我和我姑姑被晾在一边不知如何是好，耳边响着成百上千的人激动的滔滔不绝的话语。过了一会儿，女部长抬头环顾问道，声音中带着无比的傲慢和愚钝：那个瘸脚的作家到哪里去了？我就站在她的身旁不远处，但我不敢让她发现我。我拉起姑姑的手离开了礼堂。没有谁在意我们，我们顺利地，没受任何干扰地离开了科学院，时间大约为中午一点。朋友们在外边等着我们。我们同他们一起来到名叫格塞尔康乐啤酒花园的饭馆用餐。一位哲学家、一位建筑师，他们的夫人和我兄弟。都是些快活的人。我记不得当时我们吃了些什么。当吃饭时被问到奖金多少时，我方才意识到这次奖项与奖金没有任何关联。想到这里，我觉得我的谦卑更加卑鄙无耻。能够获得科学院颁发的格里尔帕策奖，这对于一个奥地利人来讲是无上的光荣，桌旁的一位说，我想，这是建筑师说的。哲学家说，简直难以置信。我兄弟在这种场合一如既往保持着沉默。饭后我忽然觉得新买的这套服装太瘦了，没有怎么考虑，我便去煤市大街那家服装店，就是"安东尼爵士"，在那里我说我要更换今天在那里刚买的服装，语调里透着坚定不移，但措辞极其有礼貌，我说，我这套刚买的服装穿着不合适，起码小了一号。我那斩钉截铁的态度效果不错，接待我的售货员立即走向我上午买衣服的那个货架。他顺从地让我试穿同样的、但尺寸大一号的套装，我穿上它立即感到很合适。我抓挠着脑袋想，之前我怎么会认为，比这小一号的那套服装我穿着合适呢，现在我穿的这套衣服才是真正合体，然后便如释重负地走出了商店。我边走边想，谁买了我刚才退换的那套服装，肯定不会知道，这套衣服曾跟我一道参加过维也纳科学院格里尔帕策奖的颁奖典礼。这想法真荒谬。想到这儿我心里竟痛快起来。我与姑姑一起度过了很享受的一天。虽然我身穿那套服装参加了科学院格里尔帕策奖的颁奖，但是安东尼爵士服装店的售货员还是二话没说便给我退换，为此我们一再开心地笑着。我永远也不会忘记煤市大街安东尼爵士服装店售货员们的殷勤、礼貌的服务。

德国工业联邦协会文化委员会文学奖

1967 年夏天，我在肺病医院住院三个月，这家病院与施泰因霍夫精神病院毗邻，至今仍然如此，我当时住在赫尔曼病房，它有七间病室，每间有两个或者三个病人，所有这些病人在我还住在那里时就都相继病逝，只剩下我，还有一个神学专业的大学生。之所以要提及这一点，是为接下来的讲述做必不可少的铺垫。当时我又一次濒临生存的边缘，说又一次是因为我的确不止一次出现这种状况，医生们也都束手无策。他们说我只能活几个月，最多也就能撑到一年，我便听天由命了。我的喉头下被切开过，为的是提取活组织化验，整整六周躺在床上，认为这癌症必然夺走我的生命，直到医生发现我的病肯定与我长期所患的、无法治愈的肺病有关，是一种所谓结节病，直到今天也没能够完全确诊，这种猜测一直陪伴我活到今天，我觉得它比以往任何时候都更强烈。当时在赫尔曼病房，处在百分之百必死无疑的患者中，我和他们一样，听凭生命走完最后的行程。我记得那年夏天格外炎热，现今已载入史册的、以色列和埃及之间进行的"六天战争"，当时正如火如荼。病人冒着三十度的酷热躺在位于阴凉处的床上，其实都巴望死神早日到来，包括我在内。他们大家，如我上面所述，的确陆续地按照其愿望死去了，其中也有当时躺在隔壁房间的警察伊默福尔，每天只要身体允许，他便到我房间里来，为了和我玩二十一点，总是他赢我输，玩了几周，他总是赢我总是输，直到他死了，我还没有死。我们俩都热衷于玩这种牌，玩起来没个够，以此来打发时间，直至他停止了呼吸。最后一次玩牌，是在他死前不久，他赢了我输了，然后，过了三个小时，他便永远地走了。在我旁边床上躺着的是一个读神学的大学生，短短的几周里，在这生死攸关的人生阶段，我让他变成了一个怀疑者，也就是说成了一个优秀的天主教徒，我相信他今生今世不会悔改。我向他论证我的命题：天主教的伪善，以医院的实例，即每天发生在医生、护士和患者身上的事情，加之那些神职人员在这令人厌恶的、多风的、位于维也纳西部山脉里的鲍姆加特山，到处往来穿梭，对我来说不难做到让我的这个学生睁开眼睛。我相信他的父母对我给予他儿子的这些讲解也会感激不尽，我给他授课充满情感，他们的儿子，就我所知，没有成为神学研究者，很可能就是一位特别好的天主教徒，不是一个通晓神学的人，我不得不遗憾地说，他今天像所有中欧其他的社会主义者一样，几乎可以说没有任何建树，是一个被排挤到边缘的、不能有任何作为的人。他这个人无条件地信仰上帝，把自己的一切交付给上帝，给这样一个人讲清楚上帝是怎么回事，让他真正弄明白天主教是怎么回事，把这样一个懵懵懂懂的疑惑者从他的病床上唤醒，让我感到十分欣慰，这也是把自己从病床上唤醒，可能意味着我的劫后余生。我所以讲述这些，是因为每逢我想起德国工业联邦协会文化委员会文学奖，眼前就立刻出现了那夏日燥热的医院，以及那里丧失了希望的病人。我看到病人和他们的家属，无论是些怎样的人，面对死神的无助和绝望，把他们压迫得透不过气来，在这些散发着臭气的、令人窒息的医院走道里，阴险的医生，伪善的护士，净是些心胸萎缩和精神残缺的人，卑劣、歇斯底里和献身的勇气，同样都是为了把人灭掉这唯一的目的。秋天我听见成千上万俄国乌鸦在医院的上空叫唤，下午它们多得遮天蔽日，昏天暗地，它们的叫声破坏着所有患者的耳朵。我看到小松鼠叼起肺结核病人吐满痰的一次性手帕，飞也似的爬到树上。我看到从城里来的大名鼎鼎的萨尔策教授，走在鲍姆加特山医院的走廊里，以著名教授萨尔策的潇洒风度，在手术室里切除病人的肺叶。萨尔策教授的专长就是喉头和半个胸腔的切除术，萨尔策教授越来越频繁地来到鲍姆加特山医院，越来越多的患者身上喉头和胸腔剩下来的就越来越少。我看到大家如何对他顶礼膜拜，尽管这位教授并没有创造什么奇迹，只不过怀着最善良的愿望以最纯熟的技巧，用手术刀切入病人体内，让其变为残疾，我看到他每周如何按照详细制定的方案，以高超的技术，将他的医疗实践的牺牲品过早地送入坟墓。若没有他的手术治疗，仅实施保守疗法让病人自然地死亡，这病人远不会如此这般快地离开人世。这位在那个领域里最最优秀者，不仅不负有任何责任，相反他的为人、他的技术以及他的风度，都闪耀着道德高尚的光环。他们大家都希望由他主刀手术，他是我的朋友保尔·维特根斯坦的舅舅，是城里来的大学教授、医学权威。他自命不凡盛气凌人，病人来到他的面前，往往话都不会说了。据说，这位教授一来，整个医院顿时变成一片圣地。在以色列和埃及之间的"六天战争"达到高潮期间，我的姑姑每天冒着酷暑乘坐两个小时的有轨电车来到鲍姆加特山，给我带来好几公斤的报纸，还有最先印出的那本《精神错乱》。但是我太虚弱了，无法享受这本书给我带来的喜悦，片刻都做不到。我的无动于衷，使那个大学生难以理解，印得这么漂亮的书，我竟然没有为此感到骄傲，甚至连拿起它的劲儿也没有。我姑姑来这里看我，一直守在我的身旁，每逢我在上面已提及的手术后止不住要呕吐，她就把一个罐子端在我下巴下面接着。我躺在那里，如同我左右两边相继死去的人一样，也为了提取试样切开了喉头，就在这时获悉，我获得了所谓的德国工业联邦协会文化委员会颁发的文学奖。我所以写了这么一个与其说轻松不如说伤感的引子，因为我想说明，为什么我当时那么欢迎这项嘉奖。我当时身体状况非常糟糕，必须到鲍姆加特山医院就医！为了能够被医院接纳必须首付一万五千先令，自然我自己拿不出这么多钱，是我姑姑垫付的。不言而喻我想尽快地把这笔钱还给姑姑，于是我刚住进鲍姆加特山医院，便写信给我的出版商，确切地说不是写信给出版商，而是写信给我的女编辑，希望出版商汇给我两千马克。信发出没几天我便迅速收到了这两千马克的汇款。我当即致函这位女编辑，表示我将马上写信给我的出版商表示感谢，但这信还没有寄出，便收到了她的电报："不要感谢出版商！"为什么呢，我莫名其妙。后来我得知，是她从她的私人存款中取出这两千马克汇给了我，出版商没有同意我的请求。必须筹集一万五千先令才能让鲍姆加特山医院收我住院，这的确让人沮丧，但是事情就是这样，情况就是如此。简短截说，就是在这种情况下，传来了我获得德国工业联邦协会文化委员会嘉奖的消息。颁奖仪式将于秋天举行，是九月还是十月，我记不得了。反正是出院没过两三天，我就起程去雷根斯堡，颁奖典礼将在该城的市政厅里举行。当时与我同时获奖的还有诗人伊丽莎白·博尔歇斯。斜背着我外祖父的挎包，两腿还发软，上了开往雷根斯堡的火车。旅途中我不断地想到我即将得到的八千马克奖金，对我来说这是一笔巨款。我闭上眼睛梦想着这八千马克，想象着期待着我的、美丽的雷根斯堡的样子。我应该下榻在图恩＆塔可西斯宾馆，这是一家著名的饭店。我虚弱的身体让我在整个旅途中，一再靠着车厢的窗户打盹儿，我的脑子里却总是想着多瑙河、哥特式建筑、德意志皇帝，但每逢我睁开眼睛，首先想到的自然是那八千马克。我不认识德国工业联邦协会文化委员会发言人鲁道夫·德洛伊，是他为我争取到了这个奖。我想，也许他知道我身患疾病等着用钱，因此让我成为这个奖的获得者。这种想法是一种贬低，因为我很愿意这个奖的获得是由于我创作的小说《精神错乱》，或者是《严寒》，不是因为我患的那个结节病。不管怎么说我不允许自己胡思乱想，不要还没有拿到这个奖，就先让其贬值。要知道，在你之前多德雷尔和居特斯洛获得过这个奖项，我想，这都是些个大作家，文学史占有着一定的篇幅，而我自己跟这些著名作家挨不上，也无法与他们相提并论。虽然三天前还躺在病床上，但我现在已经在去雷根斯堡旅行的路上，那里的哥特式建筑在等着我。多瑙河越来越窄，风景也还越来越秀丽，最后，忽然眼前变得荒凉起来，到处灰蒙蒙的，暗淡乏味。到了雷根斯堡，我下车后立即前往图恩＆塔可西斯宾馆。对于像雷根斯堡这样一个城市它的确是一流的，我很喜欢这家宾馆，在这里我立刻感到很舒适。其实我从一开始就不是孤独一人，伊丽莎白·博尔歇斯是我的旅伴，我曾在卢森堡遇到过她，是在一次所谓诗人交流会上，我在二十几岁经常携带着我的诗歌参加这样的聚会，所以这次我一点也没有感到无聊，往常如果我一个人住宾馆，无论在这个世界的任何一家，都会感到无法打发时间。我知道博尔歇斯是一位既聪慧而又颇具魅力的人，是我很欣赏的一位女士。我们在这座城市里漫步，放松地笑着，利用这个机会无拘无束地享受着傍晚的时光。自然没有逛得太晚，我的病不久就让我打住，很快就不得不上床睡觉了。次日，我结识了鲁道夫·德洛伊先生，还有《强音》杂志的出版人汉斯·本德尔，据我猜测他是这个奖项的评委之一。我今天还保留着一张照片，上面是我和博尔歇斯、本德尔站在雷根斯堡一座哥特式喷泉旁边。我不喜欢这座城市，它寒冷，令人厌恶，如果没有博尔歇斯这个旅伴，没有八千马克的奖金要领取，我肯定会在到达后立即转身离开。我特别憎恨这些拥有古代建筑的中等城市，它们的居民一生一世都让这些文物古迹弄得面目皆非。教堂、狭窄的街巷，在这里日益变得愚钝的人毫无生气地打发着日子。萨尔茨堡、奥格斯堡、维尔茨堡，我憎恨它们，几百年来，这些城市总是愚钝在养尊处优。但是，我现在一再想到的是那八千马克。在患结节病期间，我开销很大，债台高筑，我想，现在我将不仅能够还清它，而且之后我还会剩下完全属于自己的一笔钱。我就是怀着这样的想法，迎来了德国工业联邦协会文化委员会文学奖（我当然在努力表述正确的全称）颁奖日的早晨。德洛伊先生来接我和博尔歇斯女士，我们一道去市政厅，这座大楼被认为是德国哥特式建筑经典作品之一。当我踏进大楼时立刻感到压抑和憋闷，我对自己说，要勇敢、勇敢、再勇敢，顺从地听凭人家安排，要你做什么就做什么，拿到那张八千马克的支票后便立即消失。典礼仪式相当简短。德国工业联邦协会主席冯·波伦-哈尔巴赫先生，将为博尔歇斯女士和我颁奖。我们和德洛伊博士在第一排就座。在我们两边坐着的是该城德高望重的名流，包括其官服饰有沉甸甸佩链的市长。我昨天晚上吃得太饱，这会儿感到腹中不适。我记不得是否有人讲话，很可能是的，这样庄重的场合没有人演讲是绝对不可以的。到会的嘉宾多得险些撑破了市政厅礼堂。我几乎喘不过气来。感觉简直要窒息了。这里的一切都彰显着尊严和汗水。我想，昨天晚上我们，博尔歇斯和我，一起开心地笑着，单凭这就不虚此行。加之还有八千马克！我想，马上这一套把戏就过去了，我们将得到那张支票！自然这里少不了室内乐队的演奏，他们演奏了什么曲子我也记不得了。然后，据我的记忆，非常出人意料地，开始了那最关键的时刻。冯·波伦-哈尔巴赫主席走上讲台看着一张纸条大声念着如下的话："……在此，德国工业联邦协会将 1967 年的文学奖颁发给伯恩哈德女士和博尔歇斯先生！"我觉察到，我的邻座吃了一惊。她的确吓了一跳。我握住她的手安慰她，要她只想着那张支票，至于是博尔歇斯先生和伯恩哈德女士，还是伯恩哈德先生和博尔歇斯女士更符合事实，那都无所谓。博尔歇斯女士和我登上雷根斯堡市政厅礼堂讲台，在这里除了当事人，也许还有德洛伊先生和本德尔先生，此外没有人会觉察到波伦-哈尔巴赫先生颁奖辞中的错误，我们俩分别接受了一张八千马克的支票。在这个可怕的城市我们又度过了美好的一天，然后我便返回维也纳，受到我姑姑很好的照料。一年前我收到一本德国工业联邦协会文化委员会周年纪念册，题为"年轮"的纪念册中自豪地列出了历届获奖人的姓名。只是没有我的名字。难道德洛伊先生，据我的记忆他是一位很可爱的先生，因为我后来的行为举止

（对此我自认为无可指责）而把我从获奖人名单中划掉了？

无论如何，我要借此机会郑重宣告，我也曾获得德国工业联邦协会文化委员会的嘉奖，并且是在雷根斯堡。并且是在雷根斯堡哥特式市政厅。

自由汉莎城市不来梅文学奖

　　长达五年之久没有动笔写什么之后，我在1962年一年里写出了《严寒》这本书，那时我对前景比以往任何时候都感到茫然。我把《严寒》寄给了一位朋友，他是岛屿出版社的编辑，没过三天，手稿就被出版社采用了。这时我认识到，手稿并不完整，不能就这样发表。于是我来到法兰克福，住进一家小旅店，位于埃申海姆塔附近一条交通繁忙的大街，是我可以接受的最便宜的旅店之一，在那里我要彻底修改我的小说，书中所有带标题的章节都是我在那里写的。每天我五点钟就起床，坐到靠窗户的小桌子旁，每逢到了中午能写出五页或者八页甚至十页，我就去岛屿出版社把稿子给负责该书的女编辑看，与她商量把这几页放到书稿的什么地方。在法兰克福逗留的几个星期里，全书的面貌发生了根本的变化，我删掉了许多篇幅，可能将近一百页，这样修改之后，我觉得书稿可以认可了，能够付排了。校样印出来之后，我带着它去华沙旅行，我一个女友在那里的艺术学院读书。当时那里正值一年最冷的季节，我住宿在人们称作 Dziekanka 的大学生宿舍里，离政府宫不远，好几个星期在这座美丽的、令人新奇而又陌生的城市里到处跑，同时读着书稿校样。中午我在作家俱乐部用餐，晚饭同演员在一起，那里的饭菜相对更好一些。在华沙的这些日子是我生活中最幸福的岁月之一，我大衣兜里总揣着校样，我的对话者是讽刺作家莱茨，他那些著名的格言警句都首先记在他妻子的厨房记事簿上，他经常邀请我去他家，有时也请我到新世界大道喝咖啡。我很幸运，这本书在 1963 年春天出版，《时代周报》同时发表了楚克迈耶[1]的占据整版的长篇评论。于是对这本书的论战就开始了，言辞激烈，硝烟弥漫，从令人窘迫的称赞到恶意的贬损，应有尽有，我被完全击垮了，仿佛掉进了可怕的无底深渊。我误以为文学是我的希望，这个错误会让我窒息。我不想再理会什么文学了。它没有使我幸福，而是将我踹进了臭气熏天的沟壑，我想，没救了，没有逃生的希望了。我诅咒文学，诅咒我与其勾搭连环的淫乱行为，毅然去了一处建筑工地，受雇当了卡车司机，为位于克洛斯特新堡街的克里斯托福洛斯公司干活。有好几个月我为著名的格塞尔酿酒厂运送啤酒。我不仅熟练了我开卡车的技术，而且比

1　卡尔·楚克迈耶（Carl Zuckmayer, 1896—1977），德国作家、戏剧家。代表作为话剧《克彭尼克上尉》。

先前更熟悉了维也纳这座城市。我住在姑姑家里，开卡车养活自己。再也不想去碰什么文学，我把我拥有的一切都投入了进去。可它怎样对待我呢？把我扔进了深渊。我厌恶文学，憎恨所有的出版商、所有的出版社和所有的书籍。我觉得仿佛我写了《严寒》这本书是受骗上当倒了大霉。现在多好呀，我身穿皮夹克坐在驾驶室里，开着一辆斯太尔牌旧卡车颠簸在维也纳的街道上。现在看来几年前我学习开卡车多么有预见性啊，当时之所以学习开卡车是因为我想去非洲闯荡，报了名接受那儿的一份工作，前提是必须学会开卡车，这事后来没有成功，今天看，这样的结果是幸运的。但是，自然好景也不长，为格塞尔酿酒厂当卡车司机这项工作没过多久就结束了。我忽然憎恨起这份工作，很快便辞职不干了，整天躺在姑姑家小房间的床上用被蒙着头。她理解我的心境，有一天，她说邀我与她一起去山区待几个月。把大城市的残酷和伤害撇到一边，投身到大自然里去，这对我们俩都有好处。她的目的地是萨尔茨堡地区的圣法伊特，距离我住过多年的肺结核医院不远，也就八百米吧，位置极为理想，会让我们的身心得到很好的休息。一天清晨，我们从维也纳西站乘火车踏上去山区的旅程，我姑姑和我，她的免付膳宿费的旅伴。但是我得说，火车刚开出西站我就开始诅咒乡村，就在渴望返回维也纳了，不是吗？火车离维也纳越远，我就越难过，我想，背离维也纳和我姑姑一起到乡下去，我这是在犯错误，但是为时已晚，我无法纠正这个错误了。我对自己说，我不是农村人，我是城里人，但事情已无可挽回了。自然我在乡村找不到我的幸福，那里的人让我感到无聊，我讨厌他们，大自然也乏味得很，我讨厌它，我开始憎恨这里的人和自然。我成了一个意志消沉的、愁眉苦脸的人，耷拉着脑袋走在草地上和在村子里转悠，最后，无精打采的我连一口东西都不想吃了。我私下里与农村和山区生活的对立，将我推向灾难，我只不过是一个极其让人惋惜的滑稽可笑的人，与我那可怕的不幸生存结下了不解之缘。就在这种时刻传来了我获得自由汉莎城市不来梅文学奖的消息。不是这个奖本身把我从生存灾难和精神危机中解救出来，而是因为由此想到，用一万马克奖金拦截住我那摇摇欲坠的生活，让它来个彻底的转变，使它重新恢复正常。文学奖宣布了，奖金的数目也知道了，我现在能够而且必须用这笔钱做点最理智的事情。我一向希望有属于自己一个人的房子，如果不能有像样的，至少有四面墙，在那里我自作主张做什么，不做什么，随心所欲，我可以把自己关在里边。我想，我要用这笔款子给自己弄来四面墙，于是我便立即与一位房地产商取得联系，他也马上到圣法伊特来与我会面，并向我推荐了几处房产。当然对我来说所有这些都太贵了，我将拿到的这笔奖金也只能是这些房产价格的很小一部分。但是为什么不接受呢？我想，我当即与他约好一月初在上奥地利见面，他的家在那里，那些地产也在那里，大部分都是年久的，多半已经败落的农家庄户院，他提供我选择的这些地产价格都在十万到二十万先令之间。但我奖金的数目只有七万。也许我可以找到七万上下适合于我的房产，可以把自己关在里边安静地生活，在我心目中，我想要购置的地产，不是一幢房子，而是墙，是可以把我关在里边的四面墙。我乘车到上奥地利，姑姑与我同行，我们去拜访那位房地产商。他给我的印象很好，我立刻就对他产生了好感，他做事精明干练，为人我觉得也无可挑剔。我们来到一个地方，地上是一米厚的积雪，我们踩着雪到了房地产商的家。他让我们坐到他的汽车里，指着一张纸条告诉我们要去看的那些房产的位置，想走什么路线去一个个地观看。纸条上记载了一共十一处或十二处待出售的农家院落。然后他把汽车门关上，我们便出发了。当天这个地区大雾弥漫，我们什么都瞧不见，甚至于去第一处房产的道路也看不清。他的眼前也是一片雾蒙蒙，但是他熟悉这条路，我们全依靠他了。我的姑姑像我一样感到新鲜，我们都不言语，我不知道她这会儿在想什么，她也不知道我

47

这会儿在想什么，房地产商不知道我们俩在想什么，他也沉默不语，忽然车子停了下来，他说我们该下车了。的确我透过大雾看到一面高大的墙，是用大块石头砌的那种墙。房地产商为我们打开门轴已易位了的大木门，我们走进一个很大的院子。这里也是一米多厚的积雪，看样子房产主人是仓皇地逃离了这里，将一切都弃之不顾，我想，房主一定遭遇了巨大的不幸。房地产商说，这房子空置了一年，边说边带我们往里边走。在我们走进的每一个房间里他总是说"这是一个很漂亮的房间"，还总是把"比例特别合适"这句话挂在嘴边，他随时都会因某处地板腐烂而把脚陷进去，不得不通过灵巧的蹦跳从烂泥坑拔出脚来，房地产商在前面走，我跟在他后边，我的后边是我姑姑。我们一个个房间看着，好像走在长条木板上，越过满是污水的臭烘烘的蛤蟆坑，有时我转头去看我姑姑，她动作很灵巧，比我和房地产商都强。要看的房间有十一个或十二个，所有这些房间都异常败落，空气中弥漫着已经干瘪了的死耗子散发出来的气味，这样的动物尸体随处可见，我想如果没有几千，至少也有数百只。所有的地板都腐朽破烂了，大部分窗框经过风吹雨打已残缺不全。下头的厨房里，有一个很大的锈迹斑斑的搪瓷灶台，肮脏得已经面目皆非了。自来水龙头没有拧紧，水哗哗地流着，地板上下到处积着

48

水，房地产商说，房主是一年前走的，忘记了关水龙头，他走过去把龙头关上。他本人也没有来看过这房子，他说，我们是他第一批带到这里看房子的人，他说他非常喜欢这房间的比例，如此合适的比例实在罕见。我的姑姑一直用手帕堵着鼻子和嘴，这房子里的气味让人难以忍受，不仅是东西和畜类腐烂的味道，在牲口圈里到处都是房子主人没有清理运走的大堆牲畜粪便。房地产商一再说这些房间的比例多么不同寻常，他越是这样说，越让我觉得他的话有道理，最后不再是他说了，而是我在说这句话，而且说起来没完。我简直像着了魔一样，越来越频繁地说这些房间的比例多么不同寻常，最终我深信不疑，整个这处地产房间的比例确实异乎寻常的好。我立刻就迷上了这处地产。我们又来到大门前，准备去参观另一处地产，房地产商希望马上离开这里，因为还有十处或者十二处房产要看，这时我说，我对所有其他要看的地产不感兴趣了，我已经找到了我所需要的，就是这一处，因为房间的比例特别合适，简直可以说不能再这么理想了，我愿意立刻就与房地产商签订购买合同。从开始参观到我做出决定只过了不到一刻钟的时间。我姑姑大吃一惊，她说，别做蠢事，她觉得这些大墙太可怕了，毫无疑问，当我们又坐在汽车里准备返回房地产商家签订合同时，她坐在我身后总是说，这是件大事，要我深思熟虑地考虑一下，她说，让这事情过个夜，第二天再说。但我决心已定。我找到了我要的四面墙。我向房地产商建议，首付七万先令，一月末支付，就是说在不来梅颁奖之后，余下的款子在一年内付清。无论如何剩下的也有十五万多先令。虽然我还不知道从哪里弄到这笔钱，但我并不担心。房地产商已经在起草合同了，我姑姑还一再劝我再考虑一番，睡一晚上第二天再说。我喜欢这位房地产商起草合同的样子，喜欢听他说的话和他周围的一切。我本人的样子仿佛我不在乎钱，这一点给他留下了深刻的印象，这时他妻子在厨房忙活着做可口的炒鸡蛋。我第一次看见了纳塔尔，我的四面墙所在的地方叫这个名称，应该说甚至于没有看得很清楚，上面已说过，那天大雾弥漫，更不用说我根本就没有去看这处房产周围，也就是说周遭的景观如何，只有估计和猜想，总而言之，到那里只待了半个钟头，我就草签了所谓购买意向书。我们吃了炒鸡蛋，又闲聊了一会儿便离开了房地产商家。他把我们送到火车站，我们乘车返回山区。旅途中我姑姑因心里有种可怕的预感一言不发，我得承认，这会儿我的头脑里也产生了恐惧，我一下子感到发蒙，到底发生了什么事情，我放任自己干了些什么，当然是做了一件很可怕的事情。我度过了一些不眠之夜，自然仍然弄不明白，我到底干了些什么，签了什么合同，让我从哪里弄来余下的十五万先令。但是不来梅文学奖一定会拿到的，首付的七万先令也就不成问题了，我想，没有理由着急上火。我姑姑仍然对这件事情不做任何评论。与她在一起办事，我还是第一次没有听从她的劝告。我乘车去不来梅，它对我来说是座陌生的城市。我熟悉汉堡，我爱汉堡这座城市直至今天，我从一开始就讨厌不来梅，这是一座充满小资产阶级习气的、索然寡味的城市。给我订的房间就在火车站对面一座新建的宾馆里，我记不得它的名称了。为了不去观看这座城市，我躲进给我安排的房间，等待着明天上午的颁奖。颁奖典礼将在不来梅古老的市政厅大楼里举行，实际上的确在那里举行了。我最大的难题是要我在颁奖典礼上发言，虽然说几周前我就知道要我在典礼上讲话，现在我人已经到了不来梅，却总是还不知道要说什么，到了夜里仍然如此，第二天早晨心里依然一点儿谱也没有。现在可到了关键时刻了。吃早点时，我忽然想到与不来梅有关的不来梅乐师，脑子里出现了一个方案，我的发言可以把不来梅乐师作为中心。我喝完茶，迅即返回房间，坐到床上起草讲话稿。我的草稿写了两个、三个都不满意。这时我明白了，我的方案很糟糕，我得改变思路。但时间紧迫。这期间已经有电话打过来，问我讲话需要多少时间，我在电话里说，很简短，虽然我讲什么还八字没一撇呢。离颁奖典礼开始只还有半个小时了，我又坐到床上，写下了"随着寒冷清晰度在增强"这句话，我想，现在我有主意了，知道该在颁奖会上讲些什么了。以这句话为中心，很快又写了些句子，无论如何在十分钟或者十二分钟里我还是写满了半张纸。当有人来宾馆接我去市政厅时，讲话稿刚好完成。"随着寒冷清晰度在增强"，我边想边跟随着几位先生往市政厅走，感觉仿佛他们是带我去法庭受审。他们把我，他们的犯人，夹在中间，带着我从宾馆向市政厅走去。市政厅里已经人头攒动，主要是学校的学生。不来梅这座市政厅也是一座著名的建筑，这座建筑也如同一切其他著名的市政厅建筑一样使我感到压抑。在这里也是勋章耀眼，市长礼服上的绶带闪亮。我被堂而皇之地引到礼堂第一排，在市长身旁就座。一位男士走上讲台谈起了我。此人专程从法兰克福赶来，为的就是对我第一本小说做半个小时的演讲。据我记忆，他当时讲得很透彻，讲了许多称赞的话，但老实说，我根本听不懂他讲的是什么。我坐在那里，眼前呈现的只是我在纳塔尔的四面墙，想着如何能弄到购买它的钱款。我想，没有别的办法，只能拖延，直到筹措到足够的钱。当致颂词者结束演讲时，礼堂里响起了掌声，看上去主要是学生们在热情洋溢地鼓掌。这时主持人示意我上台。在台上我接受了获奖证书，我今天记不得它的样子了，我没有保留它，所有其他的获奖证书我一概都不保留，随着岁月的流逝它们也都散失了。现在我已经把证书和奖金拿到手了，我走向讲桌去读我的讲稿，讲在寒冷中增强的清晰度。正当听众开始弄清我要讲的是什么时，讲话已经结束了。我想这是不来梅文学奖获得者最简短的讲话，在典礼结束后我的判断得到了证实。我站在讲台上，为让照相师拍照，再次与市长握手。在外边走道里，完全出乎我的意料，我看见了我的朋友，那位三天之内就决定接受小说《严寒》的编辑，当他确信就剩下我们俩时，颇为私密地对我说：喂，借我五千马克，我急需这笔钱。好，当然可以，我说，并不清楚这样做会有怎样的后果，我说，待下午两点钟不来梅银行上班后，我立即和他去那里兑现支票，给他五千马克。我想，他经常不断地借钱给我，不久前他还帮我度过了一场严重的债务危机！典礼后还有一顿午餐，在不来梅一家颇为高雅的餐馆，我两点钟准时离开了这家餐馆，与我的朋友一道去银行兑现我因《严寒》一书获得的支票。我想到我还要从不来梅到吉森，在那里的基督教文化教育中心朗读我的作品，报酬为两千马克。这样我总算又有七千马克了。想到这里就又觉得很幸运了。次日，在不来梅我还看望了另一位朋友，他住在一间阁楼里，我与他品着香茶，放眼朝铅灰色的威悉河望着，我们谈戏剧谈得很投机，主要的话题是关于安托南·阿尔托[1]。与他告别后我立即返回维也纳。自然，我已迫不及待想搬进新购置的房产，我那位于纳塔尔的四面墙。我如何主持装修它，自己动手改造它、扩建它，在某种程度上说，活儿干得还算不错，最终收拾得有模有样，可以安适地在里边生活，以及在此过程中如何在资金上满足它的需要等，这是后话就不在这里讲了。总而言之，不来梅文学奖对购置我的家园是很大的推动，没有它我的一切很可能就另是一样了，就是另一种方向和另一种发展了。不管怎么说，我后来又去了一次不来梅，也是与不来梅文学奖有关。对于这第二次去不来梅的经历我不想闭口不谈。我这次去是作为不来梅文学奖的评委会成员，评选下一次获奖者，我的主意已定，要去不来梅投卡内蒂[2]一票，据我所知，迄今为止他还没有获得过任何一种文学奖。为什么一定是他，理由并不重要，我当时就是觉得只有他才合适，其他人都是可笑的。正如我的想象，评委开会的地方设在不来梅一家餐厅的一个房间，房间里有一张长条桌子，坐着许多拥有表决权的先生，其中

---

1 安托南·阿尔托（Antonin Artaud, 1896—1948），法国戏剧家、诗人、超现实主义理论家。
2 埃利亚斯·卡内蒂（Elias Canetti, 1905—1994），德语小说家，代表作为《迷惘》。曾获毕希纳奖（1972）、诺贝尔文学奖（1981）。

有著名的州政府委员哈姆森，我和他很有共同语言。当时的情形是这样，大家都提出了各自的候选人，都不是卡内蒂，轮到我了，我说出了卡内蒂这个名字。我主张把这个奖颁给卡内蒂，因为他的作品《迷惘》，是这位青年作家才华横溢的体现，一年前刚好再版一次。我多次提到卡内蒂这个名字，每次坐在长条桌旁的人都愁苦地拉长了脸。许多人根本就不知卡内蒂何许人也，但是少数知道卡内蒂的人中，有一位在我又提及卡内蒂的名字后，突然说："但他可是个犹太人哪。"然后只听见一片含糊不清的咕哝声，卡内蒂就没有人再理会了。直到今天我耳朵里仍然响着这句"但他可是个犹太人哪"，我无法说出桌旁的哪一位说了这句话。可是至今我仍经常听见这句话，从一个阴森的角落发出来，尽管我并不知道是谁说的。这句话就那么几个字，就将我把文学奖颁给卡内蒂的提议扼杀在萌芽中，不需要任何进一步的争论了。我当时立即选定了一种态度，即绝对不参加接下来的讨论，三缄其口地坐在桌旁。时间又过去了不少，虽然这期间又有不少可怕的名字被提出来，对其我只能用"胡诌八扯"和"过于业余"来评价，最终还是没有把获奖者选定。诸位先生们已经在看表了，从旋转门飘过来烤肉的味道。在座的必须做出决定了。使我颇为惊讶的是，有人这时突然，我不知道是在座的哪一位，从桌上堆的一些书中，我觉得是非常盲目地，抽出一本希尔德斯海姆的书，边站立起来准备去吃午餐，边以极其幼稚的语调说："让我们就选希尔德斯海姆吧，让我们就选希尔德斯海姆吧。"而希尔德斯海姆这个名字，正是几个小时争论中根本就没有提到过的那一个。现在突然有人提出这个名字，大家在座位上立刻活动起来，感到如释重负的轻松，一致表示同意，于是几分钟内希尔德斯海姆就成为新的不来梅奖获得者了。谁是希尔德斯海姆，他们大家很可能一无所知。这时也已经把结果通知了媒体，经过两个多小时的讨论希尔德斯海姆成为新当选的获奖者。先生们立即起立走进了餐厅。犹太人希尔德斯海姆获得了不来梅文学奖。对于我来说，这的确是这次评奖的噱头。我不能隐瞒不说。

尤利乌斯·卡姆佩奖

1964年我获得了尤利乌斯·卡姆佩文学奖，它是汉堡霍夫曼＆卡姆佩出版社为纪念海涅的出版商尤利乌斯·卡姆佩设立的，奖金为一万五千马克的这个奖项一分为三，奖给吉泽拉·埃尔斯纳、胡贝特·菲希特和我。这是我第一次因为我的文学作品而受到奖励，尤其让我兴高采烈的是这个奖来自汉堡，它与海涅的第一位出版商紧密相关，因为尤利乌斯·卡姆佩是《哈尔茨山游记》的第一个出版人，是他发现并出版了一个德国诗人所能写出的一系列最优秀的诗歌。尤利乌斯·卡姆佩之于我当然并不陌生，我读过布里尼策尔为他写的传记。其实在1964年这一年并没有颁发尤利乌斯·卡姆佩奖，评委们选不出一个大家一致同意的作家，于是将奖金一分为三颁发，这不是通常意义上的尤利乌斯·卡姆佩文学奖，而是作为所谓创作资助金，但这一点都不妨碍我对获奖感到的喜悦，从我得知我将获奖的那个时刻起，总是这样想和这样说：我获得了尤利乌斯·卡姆佩文学奖。我感到骄傲，这很可能是我第一次毫无拘束地、内心感到真正幸福地对待一次奖项，我有意尽可能快地把来自汉堡的这个消息传播开来，我当时住在维也纳我姑姑家，我在第一区，即市中心到处转悠，走在格拉本大街上，穿过克恩滕大街，还有煤市大街和人民公园，我想，所有我遇到的人都知道我现在多么幸福，我获得了尤利乌斯·卡姆佩文学奖。那些日子，我坐到咖啡馆里的心境也与此前不一样了，从我获得尤利乌斯·卡姆佩奖起，我在那里的感觉是作为一个尤利乌斯·卡姆佩奖获奖者的感觉，我向服务生要咖啡的样子也与往常不同了，甚至我手持报纸的姿势也与以前不同了，我在心里还奇怪，大街上我遇到的那些人怎么都没有跟我打招呼，询问我获奖的事。不问我这事的人，我也告诉他，我刚刚获得了尤利乌斯·卡姆佩文学奖，我解释给他听，谁是尤利乌斯·卡姆佩，维也纳没有人知道；海因里希·海涅何许人也，维也纳许多人也不知道；我告诉他这样一个不寻常的奖项意味着什么。我说，获得此项文学奖，那是巨大的荣幸，因为它与海因里希·海涅的名字联系在一起，因为它来自汉堡，我当时最喜欢的一个城市，它一直排在我最喜欢的那些城市之列，至今在德国没有第二个城市，可以让我理所当然地感到在那里漫步多么无拘无束，多么舒适和欣喜。在那里我的确可以长时间生活，说不定也许甚至于待上几年。我很久以

58

前就到过汉堡，也许这与我出生后的第一年是在鹿特丹港一只捕鱼船上度过的有关，汉堡之于我，正如俗语所说是一见钟情。我经常，几乎每年都在威灵斯比特尔一幢砖结构的房屋里做客，离阿尔斯特内河发源地不远，为此我敬佩和热爱这座城市。人们通知我获得部分尤利乌斯·卡姆佩奖的方式，也很让人有好感，其措辞我可以认为是极其妥帖，读起来让人感到舒服。只有两三句话，说我是被选出的三个获奖人之一，与其他两人分享一万五千马克奖金，什么时候去领取奖金由我决定，五千马克的奖金保存在哈尔菲斯特胡德街霍夫曼＆卡姆佩出版社。不举行颁奖仪式，没有任何庆祝活动。这的确是个很有利的机会，我可以再次访问汉堡，一天，我在维也纳西站登上一列开往哥本哈根的火车，靠在座位的靠背上想睡上一觉，为此我特别选择了一节看上去最为合适的车厢。但是在这种情况下想睡觉自然是不切合实际，我心情太激动了，第一次因为作品获奖，因为我的小说《严寒》。而且我得的奖来自汉堡，我一再想，来自汉堡，来自汉堡，我从心里蔑视那些奥地利人，他们一直到那时从未对我表示过哪怕是一丁点的承认。从北海传来了喜讯，从阿尔斯特内河！现在我觉得汉堡不仅是最美的城市，而且也是最有眼光的城市，还不说历来汉堡就以其显著的世界城市特征而闻名于世。在汉堡，霍夫曼＆卡姆佩出版社的人为我在阿尔斯特河畔一座别墅里订了一个房间，我乘出租车到了那里。刚到房间，就有一家报纸想采访我。我坐到扶手椅里答应了。正在我打开简单行装的时候，门铃响了，这家报纸派来的人就到了，并且取出铅笔准备采访了。这是我有生以来第一次接受采访，也许这家报纸就是《汉堡晚报》，谁知道呢。我当时心情十分激动，连一句囫囵话也不会说了，对所有的提问我虽然立刻就知道要回答什么，但我的表述能力太差。我想，现在人们觉察到你是一个奥地利人，来自一个兔子不拉屎的地方。次日我在报纸上看到了我的照片，照理说我应该非常高兴才是，然而我感到脸红，我对报纸记者胡说八道了些什么呀，那照片也让我恶心，假如我的样子果真像照片上的那副尊容，我想，最好赶紧返回那偏远的山沟里，与世隔绝，永远别再出来。我现在坐在那里吃早餐，往面包片上抹着橙子果酱，感到很受伤。我不敢打开窗帘，整个身体无可名状的虚弱，仿佛瘫痪了一样，就这样几个小时坐在扶手椅里。我的心情还从来没有像现在这样糟糕。突然我想起了我那份奖金，五千马克一下子占据了我的脑海，于是我很快穿上外套往霍夫曼＆卡姆佩出版社跑，在早晨清爽的空气中这条路显得格外漂亮，我当时的感觉是，一生中第一次看到世界如此完美。我趣味盎然地、聚精会神地观看着阿尔斯特河畔每一座别墅，最后来到了霍夫曼＆卡姆佩出版社，我自报家门后立即受到出版社老总本人的接待。这位先生与我握手，请我坐下，从写字台一个已经拉出来的抽屉里拿出一个准备好了的信封递给我。他说，这里是支票。然后问我住处如何。在随后的静场里我一直在想，我这时应该说点明智的话，说点富有哲理的话，或者至少说点得体的话，但是我什么也没有说，想了半天嘴巴竟没有张开。根据我的印象，最后出现了很尴尬的局面，这时这位先生要我跟他一起去吃午饭，到所谓的英国俱乐部。我于是到了那里，与这位先生一起美美地吃了一顿饭，是我到那时为止吃过的最香最可口的饭菜之一。这顿饭最后以一大口菲奈特-布兰卡健胃酒画上了圆满的句号，然后我便来到大街上，站在阿尔斯特河岸边与出版社老总告别。汉堡之行的主要目的达到了。我在阿尔斯特河畔的老别墅里又住了一夜，然后便到威灵斯比特尔看望我的朋友。我记不得在那里待了多长时间。我的朋友们说，我现在是有名望的人了，如果他们与我一起去看望什么人，他们可以自豪地对主人说，我们带来的这个奥地利人现在是名人了。与这些朋友一起时间过得飞快，最后要离开汉堡都让我感到颇为困难了。回到维也纳我立即决定，其实我在去往汉堡的路上已经下了决心：用这回得到的全部奖金买一辆汽

61

车。买车的过程是这样：在海因里希大楼对过有一家名叫黑勒的汽车销售店，我看到橱窗里几辆豪华轿车中间有一辆凯旋使者。白色的车体，配着红色皮革的座位。木质的仪表盘装有黑色的按钮。这辆车的标价恰好是三万五千先令，不多不少五千马克。这是我寻找购买汽车之路上看到的第一辆车，也是我决定要买的车。我站在那里足有半个钟点，虽然说并非目不转睛，但是一再在橱窗前观看这辆车。它很雅致，是辆英国造，这几乎就已经满足了我的基本要求，另外它的大小也正好适合我。最后我走进店里，来到这辆车旁，围绕着它走了几圈之后说，我买这辆车。售货员说，好的，他将负责几天内就把这样一辆车交到我手里。不，我说，不是几天之内，马上，我说，立即，像历来我说"立即"这个词的口气一样，坚定不移。我不要等待几天，我说，这我做不到，我没有说理由是什么，但我说，这我根本做不到，我还说，我只买这辆车，这里停着的这辆。当我表现出达不成协议就拔脚要走时，售货员突然改变了口气说，那好吧，您可以拿到这辆车，这辆漂亮的车。他的话音里透着伤感，但是他说得对，这辆车很漂亮。我这会儿脑子里琢磨着，我长这么大还从来没有驾驶过小轿车，开的都是笨重的大卡车，我从一开始学车，就学的是驾驶大卡车，因为我曾经想到非洲去，为非洲民众分发药品，会开大卡车是我谋求到非洲这个岗位的必要条件，按计划我将在加纳上岗。可是这个意愿落空了。我这个岗位的顶头上司，一位美国老板不幸去世了，这个岗位的设立也便随之向后推延，最终这个岗位变成多余的了。情况就是这样，我现在根本不知道怎样把这辆车从店里开出去，我心里一边这样想着一边对售货员说，就这样定了，我买这辆车，但是得把它放到店门前，橱窗前，我将在当日什么时候来取，售货员说没问题。我于是签了购买合同，付了款。全部尤利乌斯·卡姆佩奖金一分不剩。我口袋里还有点钱加油。我在内城到处转悠，心里不停地欢呼：我有车了，我有生以来第一辆自己的车，多么漂亮的车！我祝贺自己拥有不俗的品位。根本就没有想到要不要找个内行的人参谋一下，是否这汽车的内部机件也值这个价钱。我有汽车了！我有一辆乳白色的汽车！我只是这样想。最后我觉得转悠得差不多了，便返回了黑勒汽车销售店，维也纳最风光的汽车专卖店之一，当我转过街角立刻看到我的汽车已停在门前。我到店里取出购车手续及相关证件，便坐进车里，开着它上路了。驾这辆车我的确没有感到困难，虽然说驾驶卡车绝对比开这辆凯旋使者轿车要简单得多。当然现在要把车开到奥布基尔希胡同给我姑姑看。她为用五千马克就买到这样一辆漂亮的轿车感到吃惊。

话又说回来，五千马克也是不少的一笔钱！自然我不会安静地待在家里了，我立即开始一次比较远的旅行，先是朝北面，越过多瑙河，我仍觉得不过瘾，又越过霍尔布隆直到莱茨，在莱茨我已经用掉了许多油。我再次加油，驾车往回返，这一天真是太开心了。当我重又来到奥布基尔希胡同附近时，则又不想停下来，我继续朝东面开去，首先穿过整个城市，然后驶近布尔根兰。在快到埃森施塔特时，天色暗下来，我想，如果继续前进，半小时之内我就到达匈牙利了。我意犹未尽地驾车返回了维也纳。夜里没有一丝睡意，拥有一辆自己的汽车那感觉真是好极了，再加上这是一辆英国造，乳白色车体配上红色的皮革座位，还有木质的仪表盘。我想这一切都是用我的《严寒》这本书换来的。次日，我与姑姑到克洛斯特新堡旅行，返回的路上还到格林卿公墓短暂停留。两个月后，我已习惯了以车代步，驾驶我的凯旋使者出行已经是不言而喻的事情了，我开车去伊斯特拉半岛，到洛夫兰一带海岸，我姑姑几个星期之前曾在这里逗留过。像往常一样，我们下榻在经常住的欧亨尼亚别墅旅馆，其前身是1888年建的一座领主庄园，宽敞的漂亮的阳台，有一条坡度缓和的石子路直通到深蓝色的水边。那时，加加林刚刚完成了宇宙飞行，这我还记得。我的乳白色凯旋使者停在下边入口处，没有大门，而是入口处，我在上面三楼写《阿姆拉斯》，一个人占着三个大房间，有六扇高大的窗户，挂着"二战"前出品的非常薄的丝绸窗帘。我在这里完成了这本书，并立即寄给了岛屿出版社的女编辑。在把手稿寄出后的第四天或者第五天，我于凌晨三点钟便起床了，心里有一种无法抑制的感觉，我得登山，出去到山上去，这日天高气爽，万里无云，是诱人出行的那种天气。我穿上休闲裤，运动鞋，上身只穿一件无袖衬衫，便去攀登名叫马焦雷的那座山，今天称为 Učka。在半山腰我躺在阴凉处，观赏着山下远处的大海，上面游弋着不少船只。我还从未感到如此幸福。中午我一路大声笑着走下山来，高兴得都要走不动了，可以说，又一次沉浸在巨大的喜悦中，在这个世界上我不羡慕任何人，自己是最最幸福的人了。在欧亨尼亚已有一封电报在等着我，上面写着："《阿姆拉斯》非常好，没有任何问题。"我换了衣服，坐进汽车里前往里耶卡，驶入古老的克罗地亚-匈牙利港口城市。在那里我在胡同里到处转悠，人们平淡的灰色服装，以及让数百辆汽车糟蹋的空气，都没有减少我逛街的兴致。我像一块弹力极强的海绵去接受这一切，我什么都注意地听，把什么都呼吸进体内。傍晚，将近五点钟我开始返回欧亨尼亚，沿着海滨路，从船厂旁驶过。我记得我还不停地唱着歌。在到达奥帕蒂亚之前，可以看到巨大的山崖峭壁在晚霞中发着耀眼的光芒，就在这里，一辆汽车从左边驶进了我行驶的车道，直接撞上了我这辆车的前部，把车头给撞烂了，我则被撞得飞出车外，但我立刻站到了地上，感觉不到有什么疼痛。那辆撞我的南斯拉夫人的车也完全报废了。司机从撞得七扭八歪的车体里跳出来，狂叫着跑走了，一个女人穷追不舍地跟在他的后面，不断地大喊："白痴！白痴！白痴！"我站在马路中间，面前是一堆汽车残骸，从船坞到这里的交通停顿了，"白痴！白痴！白痴！"的叫声也消失了，我孤单一个人站在那里。突然我看到一些人呼喊着向我跑过来，这时我朝自己身上看，发现我浑身上下都是血。我的头部受了伤，血流如注，我想我的脑瓜顶碎了，可是我一点都不觉得疼痛。这时有一个人从一辆菲亚特500跳出来，抱住了我，把我装进他的车里。他加大油门，飞也似的沿着海滨路开向一家医院，他开得的确太快了，以致我想，这一回可要大难临头了，这样开车非出事不可。我一直用手捂着脑袋，我想，它里边的血会流尽的。我还想到我应该把我的名字写在一张纸上，如果我流尽了最后一滴血，那么至少有人知道我是谁。自然我也不想让我的血弄脏了人家的汽车，我总是想法让血流在我身上，流到我的双膝中间。我想，我很快就会失去知觉，一切就都完了。到了医院，我立刻被一位护士放到一台担架车上运走。在一间盥洗室里她为我剃掉了半拉脑袋头发，然后我就躺在一间手术室里，很幸运，手术大夫会讲德语，马上询问了我事情发生的主要经过，是否呕吐或者诸如此类的。然后他为我实施麻醉，只是所谓局部麻醉，处置了伤口，又把脑袋缝合。原本我觉得似乎是严重创伤，其实只是一处皮肉受损，住了两天院便返回了欧亨尼亚。之前，我还到医院附近的警察局看了我那残破的汽车。使我惊讶的是，警察非常详细地记录了车祸发生的经过。那位南斯拉夫人对此车祸负责，并且是全责，记录里这样写道。那个一直喊着"白痴"追着他的女人是他的妻子，这个女人是医院的护士，这对她十分不利，后来我得知她被永远地从医院开除出去，因为她在那种情况下非但没有帮助我，反而跟随丈夫逃之夭夭。这让我很遗憾，但我无能为力。我的凯旋使者成了一堆废铁，我围着它走了几圈，心想我这辆车才行驶了一千二百公里。太可惜了。头上缠的绷带像穆斯林男士脑袋上那种头巾。我与我姑姑一道，携带她的很多行李返回了维也纳。奇怪的是，我一点都不沮丧，说起来真是奇迹，我捡回了一条命。然而想到我的爱车在这次灾难中的遭遇我感到痛心，这辆车给我带来的喜悦，如此这般快地就结束了。黑勒汽车专卖店介绍给我居住在海因里希大楼的一位高级律师。他说，他将以其所特有的精细关注我这场官司，知道我在南斯拉夫遭遇的这次不幸的人都说，别指望从南斯拉夫人那里要回一分钱，众所周知，他们在这些事情上从来一毛不拔，就是说，哪怕在车祸中他们是负全责的肇事者。我特别生我自己的气，对一场无望的官司又请了一位我觉得如此昂贵的律师，我多么愚蠢，真是气不打一处来。现在我不但失去了我的凯旋使者，而且要支付一笔不菲的律师费用，他像侯爵一样坐在由三个或四个房间组成的办公室里，从窗户望出去就能看见歌剧院。我是一个不折不扣的傻瓜，我心里说，货真价实，打着灯笼都难找的傻瓜。《阿姆拉斯》已经出了校样，尽管如此，我走在维也纳城里，心情还是很糟糕。我对什么都不感兴趣，我想念我的凯旋使者，我再次感觉到我的生命到了尽头，我对自己说，这些不幸的人永远也走不出他们的不幸，我指的是我自己。这是不公平的，但可以理解。过几天或者几周就有律师的一封信飘然而至，上面他用总是同样的语句告诉我，他极其缜密地关注着我那案子的进展情况。每逢这样一封信到来，我都几乎要失去控制。但是我没有勇气去找律师，告诉他放弃这项诉讼，我担心现在的费用已经高得吓人了。在维特海姆斯坦公园和在策格尔尼茨饭店，我读着《阿姆拉斯》校样。这本书写得不错，富于浪漫色彩，是一个青年人在读了几个月诺瓦利斯之后创作的。在写完《严寒》之后我以为再也不能写，再也写不出什么来了，可是随后，在海边，我坐了下来，有了《阿姆拉斯》。总是大海，它每次都挽救了我，只要来到海边，我就得救了。一天早晨又有一封律师的信飘然而至，我都想立即把它撕碎。这信的内容与以前不同。律师写道，请到我的事务所来，我将圆满地了结您这桩案子。南斯拉夫的保险公司的确无条件地接受了我律师的所有要求，不仅赔偿了我的车，而且还付了一笔抚慰金。另外还有一笔高得令人难以置信的所谓服装补偿。我的律师没有如实地描述我在车祸发生时的着装，当时我身上穿的是一条廉价裤子、一件衬衫和一双便鞋，但是他说我当时身穿名牌制服套装以及特别考究的内衣。自然我是以极高的满意度离开律师事务所的。不久我又购买了一辆凯旋使者，仍然经常开着它去南斯拉夫，这个国家，虽然我在那里曾遭遇了巨大的不幸，但是在这件事情的处理上，对待我它表现得无可指责，而且可以说是十分大度。我记录下这一切，因为像人们看到的那样，都与尤利乌斯·卡姆佩奖有关。而且是那种自然而然的关联。

奥地利国家文学奖

我于1967年获得奥地利国家文学奖，必须立即说明，我得的这个奖是所谓的"小国家奖"，是一位作家因为他的某一部作品而获得的，而且为此他必须自己申请，并且要将他的一部作品呈递给承办此事的文化艺术部。这个奖是有年龄限制的，我获得此奖时的年龄早已超过了有关规定，我那时已经三十多岁，通常这个奖颁发给年仅二十多岁的作者，这绝对正确，因为这是所谓的"小国家奖"，不是那个"大国家奖"，那个奖是奖励所谓"毕生之作"。我获得这项"小国家奖"，没有人比我自己更感到奇怪，我根本就没有将我的哪部作品送出去评奖，这种事情我是从来不做的。我一点都不知道，我兄弟在交送作品期限的最后一天，带着我那本《严寒》，去了位于方济住院会广场的文化艺术部，在大门口让人把书呈递上去，他事后才向我承认这件事情。获奖的消息一点都不让我兴奋，我之前已有许多青年人获得此奖，在我眼里这个奖因此对于我反倒有所贬低。但是我不想做一个搅局的人，我接受了这个奖项，也是因为我的外祖父三十年前，即 1937 年，恰好也是在同一天，获得了这个奖。正是考虑到这个情况，我通知文化艺术部，表示十分高兴接受这个奖。实际上，一想到我这个不久就四十岁的人，去接受一项本来只限于颁发给二十几岁的青年作家的奖，就觉得特别别扭，而总的来说，我与我的国家之间的关系相当紧张，至今不仅仍然如此，而且更加严重，尤其是与文化艺术部的关系，那真是糟糕透顶，对它我是有近距离的了解的，我亲自与它打过多次交道，我反感这个部门，首先是那里的历届部长，我年轻时经常到这个部里去，申请出国访问的资助，那时我二十几岁，特别想经常到国外去看一看，可是没有钱，文化艺术部提供了两三次的资助，肯定有两次的意大利之行我得归功于这个部门。但每次我从这个部里出来，都咒骂它那些官员们，咒骂他们对待像我这一类人的方式，我憎恨这个部还有许多其他原因，我就不想在这里扩散了。我觉得这些官员们既骄横又愚钝，每逢我与他们谈话，他们都不置可否，不知道我谈的是什么，他们对文化艺术各个领域的鉴赏能力之低下简直难以设想。简言之，现在我必须正视这样的事实：因为我兄弟把我的小说《严寒》交给了方济住院会广场文化艺术部的门房，不管他出自怎样荒谬的考虑，我都得在春天的某一天去领取这个国家奖。他们把所谓的"小国家奖"

72

不管不顾地给了我，只能让我感到屈辱，但是我不想招惹是非，我兄弟劝我不要与人家闹别扭，正确的做法就是接受这次颁奖，我听从了兄弟的话。于是就出现这样尴尬的事情：我恰好要去我憎恨的那个部，让我厌恶和咒骂过的那些人，把本不适合我的一个奖项强加给我。我曾发誓再也不到那个充斥着愚钝和虚伪的部里去了，是我兄弟给我穿上了禁锢背心，让我顺从了他的安排。许多报纸都报道了我获得国家奖的消息，其声势仿佛我获得的是"大国家奖"，其实只不过是让我感到屈辱的"小国家奖"。我在几周里仿佛骨鲠在喉，十分难受。但我又不愿意看到因拒绝接受而招致麻烦，如果那样的话，他们照例就会大做文章，指责我如何傲慢和狂妄，他们至今仍然在竭力这样诋毁我，也许他们是对的，我的确是狂妄和傲慢，我没有能力全面评价自己。不管我如何不情愿去文化艺术部领取这个"小国家奖"，不管如何一想到这事就憋闷，透不过气来，但想到这"小国家奖"毕竟也有二万五千先令的奖金，对于当时负债累累的我来说，这笔钱可谓雪中送炭，鉴于这种情况，我也就不再去计较什么荣辱了。我兄弟所以出此下策，把我的小说《严寒》拿到文化艺术部的门房让人呈递上去，也是考虑到了我手头拮据的状况。因此我承认我只是想到二万五千先令这笔奖金，才同意接受这个奖项，同意接受

73

与这项奖联系在一起的种种可怕的、令人厌恶的一切，只要不去想那二万五千先令，就打心里反感这个奖，如果我想到二万五千先令，也就能听天由命了。好长时间我都在想，这二万五千先令是要还是不要，我兄弟认为，为什么不要，不声不响地把它领回来，考虑那么多干什么，他说得不无道理。我暗想，评委们对待我简直厚颜无耻，竟颁给我"小国家奖"，因为我觉得如果颁奖给我，当时这也是可能的，不言而喻绝对应该是"大国家奖"，而不是"小国家奖"，给我这个奖项，评委会里我那些文敌的心里一准乐开了花，天赐良机呀，通过不由分说地颁发给我"小国家奖"，一举将我掀翻在地。我想他们真的以为我本人申请了这个"小国家奖"，明知道他们是评委，眼睁睁地让自己任凭他们这些品位低下的二把刀去褒贬？可能他们想，我自己把《严寒》送到了文化艺术部大门口门房的。很可能就是这样，他们就是这样的人，不会不这么想。那些跟我谈起获奖一事的人都以为我获得了"大国家奖"，每次我都窘迫地向他们解释，我得的是"小国家奖"，每个动笔写作的小屁孩都拿过。每次我都不得不跟他们讲这两个奖项的区别，每次我这样做了，他们的表情说明他们根本就不明白我的解释。我总是告诉他们，"大国家奖"是一种所谓终身成就奖，得这个奖的都是年纪比较大的人，由一个所谓的"艺术评议会"颁发，它由所有获得过该奖的人组成，"大国家奖"不仅限于文学，还包括造型艺术和音乐等方面。如果有人问我，都有谁获得了"大国家奖"，我每次都回答说，净是些蠢货，要是他们还问，这些蠢货叫什么名字，我便说出一系列名字，他们都不认识，只有我知道他们的情况。这么说这个艺术评议会都是由这些个蠢货组成的，他们说，因为你把这些艺术评议会里的人称为蠢货。是的，我说，艺术评议会里的人净是些蠢货，不是天主教徒就是纳粹，再加上几个装门面的犹太人。这些问题让我厌恶，还有这些回答。他们又说，这些蠢货通过颁发"大国家奖"，每年评选出新的蠢货参加到他们的艺术评议会。是的，我说，每年都有新的蠢货被选进艺术评议会，这个自称为艺术评议会的机构是我们国家无法铲除的一个弊端，是异乎寻常的荒谬。我每次都说，那里聚集了最愚钝的棒槌和猪猡。人们又问，那么"小国家奖"又是什么？"小国家奖"是所谓发现和培养有才气的青年作家，得的人很多，数不胜数，我说，现在我也是其中之一了，颁这个奖给我，是作为对我的惩罚。人们问，惩罚？为什么？我无法回答。我说，"小国家奖"，一个三十多岁的人还要拿这个奖那就是卑劣，我是个快四十岁的人了，还拿这个奖就是无比的卑劣。但是上面我说过，我保证过，接受这无比

75

的卑劣，不想采取拒绝的态度。我说过我不想拒绝接受这笔奖金，我对金钱贪婪，我没有个性，我是一头猪。人们仍然不依不饶地追问，刨根问底。他们知道得很清楚，应该从哪儿下手追问，以便问得我发疯。早晨他们遇到我，祝贺我获奖，他们说终于到了向我颁发国家文学奖的时候了，然后意味深长地停顿下来。我得向他们解释，我得的这个奖是"小国家奖"，是贬损，不是荣耀。我还说，获奖根本就不是什么荣耀，这荣耀就是一种变态，世界上并不存在什么荣耀。人们谈论荣耀，但无论他们说的是哪一种荣耀，其实都是卑劣，我说。国家向其劳作者倾倒名目繁多的表彰，我说，实际上往他们身上倾倒的是变态和卑劣。只要说到我们的国家，无论是哪个方面，总而言之一提到国家本身，我姑姑总是不乏溢美之词，她的丈夫曾经担任过国家高官，当报纸上报道我获得了国家奖，她的样子，仿佛我获得了崇高的荣誉。我也得向她解释，我得的是"小国家奖"而非"大国家奖"，又得详细地把"小国家奖"和"大国家奖"之间的区别讲给她听，说到最后我还要声明，无论是"小国家奖"还是"大国家奖"都没有什么价值，两个奖项都是卑劣的产物，接受哪一个奖都是卑鄙的，我接受"小国家奖"说明我这个人低俗，没有个性可言，因为我想要那二万五千先令。我姑姑对我颇为失望，她原本一直很器重我。她说，如果果真我的想法如我所说的那样，那么我就不可以去接受此项奖励。是的，我告诉她，我的观点就像我所说的，尽管如此我还是要接受此项奖励。这个国家每年不仅是把几百万，而是把数十亿金钱白白地糟蹋掉，它给出的每一分钱我们都应该照收不误。公民有这项权利，我不是傻瓜。我们的政府是卑鄙无耻的政府，它不惜一切手段表现自己，把持着权力不放，即使这个国家已经败落。从这样的政府手里拿过二万五千先令是理所当然的事情。我说，说这是卑鄙也好，不是卑鄙也罢；说这是没有个性也好，不是也罢。我姑姑责备我的态度前后矛盾。我无法说服她同意我的立场。我说我不认为我接受这笔奖金而同时又对它厌恶和轻蔑得无以复加，是没有个性，完全相反。颁发"小国家奖"给我吗，好吧，我接受，作为补偿我因此受到的屈辱，我可以去旅行，欧洲那么多国家我还没去过呢，拿上这二万五千先令我就有可能比方说去西班牙，我还从来没去过那里。如果我不要这笔钱作旅费，我说，那这笔钱就喂了一个只会用其作品祸害人和毒化空气的二把刀。颁奖的日子越来越近，我夜里也越来越睡不着觉，受着失眠的煎熬。可能真的让一些蠢材视为无上光荣的这个奖项，我越想越觉得它的卑劣，说获此奖等于被人砍头那自然是太过分了，认为它卑劣就是今天来

77

看也是恰如其分，我走在大街上，那些穿着时尚的二十岁、二十二岁和二十五岁的广播剧作家都是国家奖的获得者。他们的样子，仿佛在说，我至今才获得他们早已获得了的荣耀。这着实让我恼火。可话又说回来，他们看问题的视角是对的。我的《严寒》发表后，在奥地利没有得到任何积极的评论，相反，出版后所有奥地利的报纸无一例外地立即对其加以诋毁，就算是诋毁，按我的想象也应该把文章放在报纸显眼的地方啊，不，没有，都登载在版面的左右侧下面，一向是卑微的、人们不屑一顾的地方。我真生我自己的气呀，简直肆无忌惮地对自己大发雷霆，但是最终我还是疑惑起来，是否这些人说得有道理。也许我就是他们评价的那样！我不让自己长久地思来想去。时间总是无情的，当时也是如此。到了颁奖典礼那天早晨了。在这次颁奖典礼上也要我讲话，但我不是善于演讲的人，我从来就不会演讲，我根本就没有这个能力。但我得讲话，这是传统，与画家、作曲家等同时获奖的作家应该讲话，按文化艺术部的要求这讲话叫作致谢辞。但是一向如此，每逢这种场合要我讲话，我都想不出要讲什么，这一回也不例外，已经有几星期了，我都在搜索枯肠，我都在想，说些什么呢，讲个什么题目呢，总是考虑不出个结果来。在这样的场合，除了"感谢！"这个词儿还能有什么呢，这个词儿除了会哽噎在讲话者的喉头，还长时间停留在胃里。我找不到讲话的题目。我想，也许我该深入地讲一讲总是很恶劣的世界形势，或者讲一讲不发达国家的情况？或者讲一讲病人的医疗问题，或者讲我们学校里的孩子，他们牙齿的糟糕状况？也许我应该来讲一讲国家、讲一讲艺术，或者干脆就从总体上讲一讲文化？也许我应该讲点关于自己的什么？我觉得一切都令人厌恶，让人恶心。最后我坐到早餐桌旁我姑姑身边说，我不会演讲，想不起要讲什么。不知道讲什么题目，在这方面脑子一片空白。我姑姑说，也许早饭后会好一些，我想，说得对，早饭后，我坐在早餐桌旁吃啊吃啊，但仍然什么也想不出来。我已经穿上了去参加颁奖典礼的外套，单排扣的煤灰色制服上装，系紧领带，吞咽着早餐的最后几口，关于演讲甚至于还是一点主意也没有，突然我心里只有恐慌，尽管我无法知道，是什么样的恐慌，我害怕即将要面临的一切，我害怕某些反常行为，某些不公正、不正当的做法，害怕极其窘迫的处境。我的姑姑已经准备要走了，她的样子又很有风度，让我着实很钦佩。我心里说，如果我拒绝这个奖，现在不必去文化艺术部那该多好！就在我绝望到顶点时，我坐到我那小房间靠窗户的写字台前，用打字机写下了几句话。我手里拿的仍然还不是一篇讲话稿，像要求我做的那样，只

79

不过是几个句子。我对姑姑说，只准备了几句话，我不好意思把刚想出来的这几个句子念给她听，也没有时间这样做了，我们得走了，我们在奥布基尔希胡同和格林卿林荫道交接处叫了一辆出租车到城里去。这次乘车进城仿佛就是走向刑场。颁奖仪式在文化—艺术—教育部礼堂举行。我们到达时，所有所谓嘉宾已悉数到齐，只有部长还没有到。皮夫勒-佩尔舍维奇先生，曾经的施泰尔马克州农业厅的秘书，蓄着大髭须，直接从施泰尔马克州一跃而升为文化—艺术—教育部部长。由刚上任的总理、他党内的朋友亲自提拔。这位皮夫勒-佩尔舍维奇先生的确令人厌恶，他没有一句话能准确无误地说到底，他可能懂得一点施泰尔的小牛、奶牛，还有上施泰尔的猪饲料和下施泰尔的粪畦，但对文化艺术他绝对一窍不通，尽管他不断地到处讲什么文化艺术。但说这些已是题外话了。蓄着大髭须的部长在第一排就座，在这一排坐着的还有除我之外的五六名获奖者。这个颁奖仪式也以音乐开启。是一部弦乐作品，部长头部向左倾斜地听着。乐师们状态不佳，许多地方音都不准，但是在这样的场合甚至没有人注重乐曲演奏得是否准确。可是我感到痛心，乐师们在这部作品最好的地方出了错。终于演奏完毕，部长的秘书把一个很可能是为部长起草的讲话稿塞到部长手里，随后部长起身走到讲台前开始讲话。我记不得他讲话的内容了，只记得讲话中介绍了所有获奖者，提到有关简历和一些作品。我自然无法知道，他对与我同时获得该奖的人的介绍是否正确，他讲的关于我的情况几乎全是错误，完全是拙劣的凭空捏造，比方说他提到我创作了一部小说，故事发生在南海的一个岛屿上，我对此一无所知，在这位部长的讲话里我才知道我还有这么一部小说。部长全是胡说八道，显然他的秘书把我和另一个人弄颠倒了，但我并没有起急，我已经习惯了，政治家们在这种场合总是胡诌八扯，信口雌黄，为什么皮夫勒-佩尔舍维奇会是例外呢。这些还不算，让我特别感到受伤的是部长在讲话中说，我是"出生在荷兰的一个外国人"，说我"已经在我们中间生活了一些时间"（就是说生活在奥地利人中间，皮夫勒-佩尔舍维奇部长先生不把我看作奥地利人），这话现在还一字不差地响在我耳边。我当时就感到奇怪，我还能那么冷静地听着部长的讲话。对从地方上来的人，人们不要责备他们的乡巴佬习气，可是如果他们像皮夫勒-佩尔舍维奇先生如此这般的傲慢，人们就应该在适当的时候抓住不放，同他们理论一下。现在我有了这个机会，抓住了这个事实。当他对到场的人宣布我是谁的时候，这位文化部长脸上的表情让人无法容忍，在他那全然愚钝的、完全木然没有灵气的脸上，是难以形容的倨傲。但是很可能在这件事情上除了我的朋友没有人知道，部长以其愚钝的表达向大庭广众讲述的全是不实之词。他没有任何感觉，只管用他那与生俱来的、单调的语调念着他那粗心大意的秘书给他起草的那篇东西，错误连篇，卑劣不断。难道我非得承受这一切吗？我边听部长讲话边问自己，我是否根本就不应该到这里来。但这个问题现在已没有现实意义了。我坐在那里，无法抵挡，我不可能跳起来去冲着部长说，他讲的都是胡说八道，是谎言。我无法这样做。我被无形的皮带系到了座位上动弹不得。这是惩罚，我想，现在你遭到了报应。现在你和坐在大厅里的这些人，虚伪地倾听着部长的金口玉言，你与他们是一丘之貉。现在你就是他们中间的一员，现在你也是这种无赖，让你总是发疯的、你这一辈子都不愿意与其有任何瓜葛的无赖。你身穿深色制服上装接受着一次又一次鞭笞和一个又一个无耻的行径。你一动不动，没有跳将起来，揾那部长一记耳光。我劝告自己要保持冷静，一再劝告自己，冷静、冷静、冷静，一遍又一遍，直到部长结束他那充满傲慢的、充斥着卑鄙无耻的讲话。他本应该被报以扇耳光，却得到雷鸣般的掌声。这里也是羔羊朝他们的衣食上帝鼓掌，在噼里啪啦的掌声中部长重新坐了下来，现在轮到我起来走上讲台了。我由于愤怒而浑身颤抖。但我并没有让自己完全失控。

我从上衣兜里拿出写着我讲稿的纸头，开始读我的发言，可能声音有些颤抖，可能是的。自然我的双腿也在抖动。但我还没有读完，大厅里就骚动起来，我一点都不知道为什么，我读讲稿语调舒缓，我讲话的题目是哲学方面的，尽管我觉得有一定的深度，有几次提到"国家"这个字眼。我想，我带到这里的讲话稿写得颇为平心静气，几乎没有人能听懂它，我应该能够不招惹任何是非地离开这里，讲话的内容涉及的是死亡及其拥有的巨大力量、尘世上的一切如何可笑、世人终有一死的人生，以及一个国家毫无价值的存在。我的讲话还没结束，那位部长便红头涨脑腾地站起来朝我跑过来，冲着我劈头盖脸地吼了一句我不明白的骂人话，气急败坏地站在我面前威胁我，愤怒地举着手朝我走来。走了两三步后一个急转身离开了大厅。开始就他一个人向礼堂的大门冲过去，哐当一声甩手把门关上。这一切也就持续了几秒钟。部长刚刚怒不可遏地把门在身后关上，礼堂里顿时一片混乱。部长甩手把门关上后，只出现了片刻的寂静，然后大厅里便喧哗起来。我自己根本还不明白发生了什么事情。我坐在这里忍受着一个又一个屈辱，然后去念一篇无关痛痒的讲话稿，部长先生随即龙颜大怒愤愤然离开了礼堂，他的追随者们便一起把矛头指向我。礼堂里这伙人都是对部长有所求的、都是依赖他的人，不是从他那里得到资助就是享受退休金养老的人，为首的很可能是每次颁发国家奖都在场的艺术评议会那些人，他们都跟着部长疾速走出礼堂，踩着宽敞的台阶离开了文化艺术部大楼。所有跟随部长快步离开礼堂的人，离开之前至少都对我怒目而视，好像我是这尴尬场面的始作俑者，是突然破坏颁奖仪式的罪魁祸首。他们对我怒目相加，紧随部长急匆匆离去，他们中许多人不仅以恶毒目光向我扫射还对我挥着拳头，我记得很清楚，艺术评议会主席鲁道夫·亨茨，当时年龄在七十到八十之间，他率先冲过来盛怒地向我举起拳头，随后和其他人一起追随部长而去。我做了什么？我问自己，忽然之间我被人们扔在了文化艺术部礼堂，没多大一会儿我身边只还剩下姑姑和我的两三个朋友。我不觉得是我的过错。部长分明没有听懂我的讲话，可能因为在我的讲话里提到"国家"这个词时是以一种批评的审视目光，不是放在一种常见的卑躬屈膝的语境中，于是部长勃然大怒，跳将起来，向我攻击，之后跑出大礼堂，拾级而下离开文化艺术部大楼。其他的人，除上面提及的极少数外，都急匆匆跟随部长扬长而去。部长甩手关门发出的声响至今仍不时响在我的耳中，我还从来没有听见过一个人如此用力关门。这时我站在那里不知该说什么好。我的朋友只有三四位，还有我姑姑，凑到我跟前，对眼前的境况同样不置可否。我们转身看着被冷落了的自助餐台，有两个可能不是萨赫酒店派来的就是从布里斯托尔酒店来的侍者，由于突如其来的变故而目瞪口呆地站在餐台两侧。我们心想，这些完全无人动过的吃食该怎么处理呢？我想，可以送到一家养老院里。我的一位朋友说，部长把你扔在这里了，不是你把部长怎么样了。这话说得好。我说，部长把大家弃之不顾，他把礼堂门甩得山响，上面的玻璃全都破碎了。但我后来走到礼堂门前，发现玻璃一块也没碎。只是当时听起来仿佛上面的玻璃被震得七零八落。第二天各家报纸作为丑闻报道了作家伯恩哈德制造的这个事端。一家名叫《维也纳星期一》的报纸在第一版上写道，我是一只臭虫，必须铲除之。

安东·维尔德甘斯奖

安东·维尔德甘斯像魏因黑贝尔一样，是一位维也纳城郊的荷尔德林，他的作品与奥地利民众的心灵非常合拍。以他命名的这个奖项是奥地利工业家协会颁发的，它的办公地点设在维也纳施瓦岑贝格广场一幢 19 世纪下半叶经济繁荣时期建造的宏伟大楼里。在我将获得奥地利国家奖前一周，如今已去世多年的工业家协会主席迈尔·贡托夫通知我，安东·维尔德甘斯奖评委会决定，当年，即 1967 年，将该奖颁发给我。主席以商务公函常用的表达方式结束信函道，他为能有机会向我知会此事而深感荣幸。我将适时收到参加颁奖典礼的邀请。奖金为二万五千先令。关于维尔德甘斯我没有过多地考虑，我比评委会里我那些作家朋友更尊重他，他们在 1967 年想到把维尔德甘斯奖颁发给我，无论是出自什么样的理由，反正都是荒谬的。在奥地利戏剧学校里，经常可以看到学生们如饥似渴地研读维尔德甘斯的作品，为准备升学考试他们首先练习表演他的剧作《贫穷》片断，随时随地朗读他的诗歌，每逢举行正式的国家庆典，无论是在城堡剧院还是在所谓约瑟夫城剧院，或者是在政府某个部委，肯定维尔德甘斯的作品都是表演的首选。对奥地利的文学艺术以非专业的目光来审视，那么在这里，还有在魏因黑贝尔的作品里，人们找到了符合他们理想的东西，时至今日不论在哪里，要进行节庆演出的话，都喜欢表演他的作品。人们对维尔德甘斯的赏识，不仅因为他们认为他的文学创作极其真诚，主要是因为他曾经担任过城堡剧院的经理。我本人谈及维尔德甘斯总是很赞赏他那个吹长号的儿子，此人在音乐方面才华横溢，是他那个时代最受人瞩目的、前途无量的作曲家之一。但是我不想在这里谈维尔德甘斯，而是要谈以他命名的文学奖。在方济住院会广场的文化艺术部举行国家奖颁奖仪式之前几天，寄来了出席维尔德甘斯奖颁奖仪式的邀请函，这是由坐落在煤市大街的著名的胡贝尔＆莱尔纳印刷公司制作的、精美的请柬，上面赫然印着特约嘉宾皮夫勒-佩尔舍维奇部长的名字。我想，如果我打算换掉几乎已完全朽烂的木质窗扇购置新的，那么我就得接受这个奖项，就要横下一条心，前往施瓦岑贝格广场去见识那些社交界名流。总之我想，不管哪里有人给钱，总归应该接受，不要没完没了地考虑这钱怎样来的，从哪儿来的，犹豫不决，所有这些想法都是十足的虚伪。我算计着去找木匠定做外窗扇，此举可以提高室内温度，节省一大笔取暖的开销，何乐而不为呢？二万五千先令从天而降，头脑健全的人是不会不伸手去接的，我想，给钱的人他有钱，应该把他的钱拿走。我甚至想工业家协会应该感到脸红，颁发文学奖，奖金只有二万五千先令，就他们的财力，奖金定为五百万既易如反掌，也无关其痛痒，但我又想，从他们的角度看，他们对文学和文学家的评价是完全正确的，在涉及对文学和搞文学的人的评价方面，我甚至很钦佩他们。任何人给我二万五千先令我都接受，哪怕是在大街上随便遇到的人。没有人会责备一个大街上的乞丐，为什么接受人家的钱而不问清楚这钱是哪儿来的。尤其是去问工业家协会那更是荒谬之至，还要翻来覆去考虑接受还是拒绝，岂不是十分可笑吗？我想，无论是奥地利国家奖还是工业家协会的这个奖，其奖金作为奖掖文学青年和鼓励文学创作都少得可怜，他们的确应该感到羞耻，他们颁发的文学奖金仅仅相当于一个中级乡镇职员的最低月薪，要是我把工业家协会给的二万五千先令和国家奖的二万五千先令加在一起，这五万先令还是能够派点用场的。国家颁发的奖金，其额度与低等的月薪不相上下，工业家协会也如法炮制，这还不算，两者还在大庭广众之中炫耀自己，公众只会热烈鼓掌，竟没有觉察到这种颁奖是多么卑劣和变态。事实就是这样。

拥有数以百万、千万计资产的工业家协会，通过颁发奖金如此菲薄、只有二万五千先令的文学奖，一跃而成为非同寻常的慷慨大度的文化艺术赞助者，在大小报刊上受到广泛的颂扬，其实它应该为其卑劣的行径受到抨击。但是我不想去抨击，我只想反映事实。国家奖颁奖典礼一周后，将要举行维尔德甘斯奖颁奖仪式。邀请函如是说。然而，如上所述，国家奖颁奖大会不欢而散，部长将部礼堂大门砰的一声甩手关上，悻悻然而去，随后，位于施瓦岑贝格广场的工业家协会举办的维尔德甘斯奖颁奖仪式，便突然失去了已计划邀请的嘉宾。文化艺术部部长通知工业家协会，他不愿意作为嘉宾出席他们的颁奖仪式，因为这个仪式的中心人物是一位名叫伯恩哈德的先生。就这样部长谢绝出席，工业家协会只能望洋兴叹。颁奖仪式既然失去了部长这位重量级嘉宾，对工业家协会来说这个典礼也就索然寡味，他们也就没有兴趣只陪着作家伯恩哈德一人再玩了，反正他们颁发这个奖也是动机不纯，只想张扬自己作为文化艺术赞助者的名声，尤其是在国家政府面前。那么工业家协会怎么办了呢？他们撤销了整个颁奖活动，再次发出信函，与两周前的邀请函一样，那帖子也是煤市大街那家著名的胡贝尔＆莱尔纳印刷公司所印制，只不过这回不是"邀请函"而是"退请函"，十四天前宣布的典礼"因故取消"不再举行，被我称为"退请函"的帖子上这样写道，这帖子也是以西班牙哈布斯堡宫廷信函的样式，黑金两色，由胡贝尔＆莱尔纳印刷公司印制。像先前寄给我邀请函一样，他们也把"退请函"寄给我，没有关于为什么取消的任何说明。另外还以普通邮件的方式把获奖证书寄给我，装在一个颇为简陋的印刷品卷筒里，同样没有任何说明。幸好他们同样不加任何说明地把二万五千先令汇给了我，这个数目，我觉得，与整个这场卑鄙无耻的行为给我带来的伤害相比，的确是太少了。

　　此后不久，我与作为该奖评委会成员之一的格哈德·弗里奇在博物馆咖啡馆相聚，他一直是我的朋友，恰好坐在当年罗伯特·穆齐尔[1]习惯坐的那张桌旁，我当时问他，在这场卑劣的颁奖把戏之后，他是否打算向工业家协会提出抗议，退出评委会，放弃他在其中的席位。但是弗里奇既不打算抗议，也不想退出评委会。他有三个女人，还要和她们一起供养一大堆孩子，因此既不可能像对我来说那样不言而喻地去抗议，也不能像对我来说那样不言而喻地退出维尔德甘斯奖评委会。他这个男人不容易，他那多重为人父的身份，以及不得不供养三个挥金如土的女人的境况，

1　罗伯特·穆齐尔（Robert Musil, 1880—1942），奥地利小说家，代表作为《没有个性的人》。

91

让我悲悯，他请求我谅解他的处境，那语调听起来却让人厌恶。一个没有坚定信念的人，可怜、可叹又可悲。这次谈话之后不久，弗里奇就利用他家门旁的一个钩子上吊自杀，他那咎由自取的失败人生终于让他不堪重负，把他消除了。

弗朗茨·特奥多尔·乔科尔文学奖

　　弗朗茨·特奥多尔·乔科尔是位哲学家、戏剧家，是《一个平民百姓在巴尔干战争中的经历》一书的作者，这本书是我在外祖父的藏书中发现的。他曾多年担任国际笔会主席，是外祖父的朋友，对外祖父表现出由衷的敬重，他曾多年住在瓦勒湖畔旅店，这家旅店是我一个亲戚经营的，我三四岁、五六岁直至七八岁时，经常在那里跑来跑去玩耍，并不知道弗朗茨·特奥多尔·乔科尔和厄德恩·霍瓦特是谁，他们就住在我的房间下面、窗户朝向森林的大房间里，那里的家具是法兰西第一帝国时期和德国毕德迈耶时期那种风格，上面的摆设都是约瑟夫二世皇帝时期珍贵的物件，天花板的石膏花饰堪称美轮美奂。乔科尔和霍瓦特是好朋友，他们的大部分戏剧和小说都是在我亲戚的这家旅店里创作的，据说他们当时经常在楼下餐厅的木地板上同我玩耍，还带我到湖边散步，我本人对这一切已没有多少印象了。只记得我的外祖父经常与乔科尔和霍瓦特散步。在我亲戚旅店的二层楼有一间大厅，这里常年都有戏剧演出，也许这正是这两位互为好友的剧作家需要的氛围，我还记得在阁楼上有成堆的五颜六色的戏剧服装，还记得当时在这里演出的一部戏，一个赤身裸体的男人让人给捆绑在一个柱子上，不停地遭受鞭打，不记得是什么原因，但是至今这个场面仍然历历在目，我当时觉得那情景特别恐怖，是一出政治戏剧。可能乔科尔和霍瓦特深受这里这个舞台的启迪，很有可能。后来，我与乔科尔只见过一面，在萨尔茨堡，当时是在一个什么场合我不记得了，只知道他和小说家扎伊科还有我坐在要塞餐馆的平台上，话题一直围绕着我的外祖父，都是一些我没听说过的事情。他尊敬爱戴我的外祖父，在谈论我外祖父时他的神情话语，只有一个人在谈论他敬爱的人时才能出现。我自以为在这个世界上没有人像我那样热爱我的外祖父了，因此我很高兴倾听他的谈话。扎伊科是那种极端自信、极端以自我为中心的人，当时在文学界已颇有名气，他几乎无法忍受乔科尔的描述，时而试图打断他的话，但乔科尔全然不顾只管往下讲。乔科尔指着扎伊科对我说，这位先生曾担任维也纳阿尔贝蒂纳博物馆馆长，他这话给我留下极为深刻的印象。吃罢饭，乔科尔已有倦意，他当时年事已高，但扎伊科仍然兴致勃勃，于是乔科尔告辞并对我说，我年轻自然还没有感到累，那就陪同扎伊科先生好好看看萨尔茨堡吧。

在这个时候我还不知道接下来将面临怎样的灾难。乔科尔刚走，扎伊科，写了小说《芦苇中的男人》的扎伊科，就开始向我阐述什么是小说。我们在一天中最热的时候开始逛街，扎伊科滔滔不绝地向我宣讲小说是什么。我带领他一条条胡同行走，一个个教堂参观，但他不管走到哪里都在谈论小说艺术，他肆无忌惮地把他的小说理论塞进我的头脑，丝毫没有察觉，他那无休无止的讲述已经让我头昏脑涨，终于使得我这辈子没有什么比对文学理论更憎恶的了，而且最最憎恶的就是小说理论，尤其是像扎伊科那样的狂热的理论家阐述的理论，他们那咄咄逼人的语调毫无疑问必定让听众产生逆反心理，把本来可能还有的一点兴趣驱逐得一干二净。扎伊科先生讲个没完没了，整整四个钟头，围绕着什么是小说这个话题，不停地引用他认为是大作家的论述，有时他说，他弄错了，这个和那个话不是乔伊斯说的，而是托马斯·曼，不是亨利·詹姆斯而是吉卜林。听说扎伊科先生曾经担任过阿尔贝蒂纳博物馆馆长，使我对此人顿生钦佩之感，然而这四小时之久的理论阐述，让我心中升腾起的这种感觉急剧下降，是的，我甚至蔑视这位演讲者，憎恨他，一直在想如何能将他摆脱。我还记得，直到讲了整整五小时之后，口干舌燥、声音沙哑的扎伊科突然发现，他那报告几乎已将我弄得困顿不堪，这才善

95

罢甘休，向我告辞。我太疲劳了，以致身心的紧张许久无法放松。我记得这天夜里我便到威尼斯去旅行，在那里一夜酣睡之后迎来了美丽的清晨，我精神焕发地来到圣马可广场。但是，你知道谁在那里看见我的到来，突然大老远地就张开双臂欢迎我吗，扎伊科先生！简直太荒诞了，我自然并未因此大惊失色，而是同意与他一起走进叹息桥附近一家餐馆，在那里就着橄榄吃着奶酪，喝着红酒。这会儿的扎伊科先生与昨天的那位判若两人，坐在那里一言不发了，一门心思地享用着面前的饮食。他说，当晚他将与妻子到安科纳，边说边指着远处一艘白色的船。但是我想要说的不是关于扎伊科，而是弗朗茨·特奥多尔·乔科尔，认识他的人一定都会敬爱他。我从威尼斯回来后，看到了他给我写的信，信中他告诉我，国际笔会刚刚将我选为会员，全体通过！无记名投票！这可糟了。我不想加入世界上任何团体，自然也不想成为国际笔会的会员。让我怎么对这位可亲可敬的先生、奥地利国家历史话剧《1918年11月3日》的作者，说明我的意思而又不伤害他呢？从根本上说我并不反对国际笔会，我至今也不知道它究竟是怎样一个组织，但是我绝对不想成为其会员，我一向憎恨协会、联合会，自然尤其是文学家协会。不久前我退出叫作达姆施塔特科学院的机构，也是出于这个原因，其实我从来不曾加入这个科学院，三十年前我曾退出社会党，不过此前不久我的确申请加入了它，党派、协会过去不适合我，现在仍然如此。我坐下来写信给乔科尔，我被选入国际笔会，据说还是以无记名投票的方式，对此我感到无上光荣，鉴于我不能违背我的不参加任何协会的原则，我也不能成为他，乔科尔，为主席的那个协会的成员。我诚惶诚恐地把这封信发了出去。没有收到回信。最终乔科尔先生去世了。扎伊科先生在这期间也离开了这个世界，他去世的四五周前还获得了"大国家文学奖"，在他去世的前三天，在一次乘有轨电车从德布灵到市中心一区的过程中，他还向我传授了他的买鞋经验，他说，给自己买鞋不能在下午四点钟之前，因为到了大约四点钟，脚才具有买鞋所必要的稳定状态。每逢我想到扎伊科，如上所述《芦苇中的男人》那本书的作者，总是首先想到他那购鞋不能在下午四点之前的经验之谈，我今天的头脑中又出现了他的那番讲述，然后才想起他那关于什么是小说的长达四五个小时之久的报告。这两位已故去的人，今天对于我都有难以言说的可亲可敬之处，无论他们创作了奥地利文学史上无与伦比的杰作还是没有，我都要提到他们，因为与他们的相识同这次弗朗茨·特奥多尔·乔科尔文学奖的颁发有着紧密的关联。当我获得为纪念乔科尔而设立的这个奖时，那些颁奖给我的人以为我当然是国际笔会的成员。当我告诉他们，不，我当然不是其成员，而且讲给他们听有关国际笔会那段经历，他们显然深感失望，也许如果他们事先知道我不是国际笔会成员，也就根本不会把这个奖颁给我。我得到了这个奖，颁奖仪式在市中心一区方济住院会广场附近的一座宫殿般的大楼里举行，国际笔会在这里办公，正当皮耶罗·里斯蒙多，维也纳那些严谨的记者中唯一一位对我的戏剧作品感兴趣的人，为我发奖时，奥地利报纸上却掀起了猛烈的诋毁我整个为人的浪潮。我不知道这是为什么。反正到处都是对我的排斥和拒绝。在我遭受贬损之际，这个奖的获得让我感到格外欣慰。里斯蒙多先生，这位情感丰富的来自意大利的里雅斯特半岛的文化人，无法知道，他那肯定我的话语，是在帮助一个遭受灭顶之灾的人站立起来，他那赞扬之声，在一个几乎完全被摧毁的人的耳中不啻是天堂来的福音，让这个人如饥似渴地倾听着。这个时候城堡剧院已经演出了我的剧本《狩猎的伙伴们》《总统》和彼得·汉德克的《走马波登湖》，可以设想，这让所谓国家艺术委员会的成员无法无动于衷了，在其主席、作家鲁道夫·亨茨的领导下，以决议的形式，要求文化部长采取措施，促使城堡剧院领导同意不再排演伯恩哈德和汉德克的戏剧，伯恩哈德和汉德克，像人们在维也纳报纸上每天都可以读到的那样，是劣等作者，而他自己，亨茨，和艺术委员会里那伙人则是优秀作家。吃国家俸禄的部长立刻乖乖地行动起来！所有报纸都不加任何评论地报道了这令人发指的事件。在这个国家当时充斥着反对我和汉德克的文学气氛，这不过只是一个例子。并非在这个时候我才开始考虑，是否还要接受文学奖。在我欣喜雀跃地接受了尤利乌斯·卡姆佩奖之后，每逢再得奖，总觉得索然无味，甚至感到恶心，心中总有一种抵触的感觉。但是许多年里每逢有奖向我颁发，我都显得太软弱，不能坚强地说声"不"。我总是想，在这方面我这个人性格有缺失。我蔑视文学奖，但我没有拒绝。这一切都令我厌恶，但最令我厌恶的是我自己。我憎恶那些典礼，那些仪式，但我却去参加；我憎恶那些颁发奖金者，但我却接受他们的奖金。今天不可能再是这样了。到四十岁为止，我想，然后呢？我没有去拿一万八千先令的弗朗茨·特奥多尔·乔科尔奖金，而是让人把它作为对监禁者的救济汇给施泰因监狱，其实这样做也不是解决问题的办法。如此这般的所谓与社会福利相关的慈善行为，归根到底也并非没有虚荣的成分，自我美化、自我满足。让这个问题一劳永逸地不再出现，唯一的做法就是不让自己再接受荣誉和奖金。

联邦商会文学奖

联邦商会文学奖是我获得的最后一个文学奖，同时获奖的还有奥科彭科和伊尔萨·艾兴格尔，我此番获奖缘于我的那本《地下室》，在这本书里，描写了我在萨尔茨堡城边的舍茨豪泽费尔德居民区做小商店学徒的岁月，我从一开始就不把这个奖与我作为作家的创作活动联系在一起，而是与我在小商店学徒的经历，颁奖典礼在萨拉赫河畔古老的克莱斯海姆宫举行，这是唯一与萨尔茨堡这座城市有关联的标志，颁奖活动期间，联邦商会为我颁奖的先生们谈起我也总是称商店学徒伯恩哈德，而非作家伯恩哈德。我在联邦商会这些尊敬的先生中间感觉十分惬意，与其在一起的整个时间里，我不觉得我属于文学圈，而是商界的一分子。他们颁奖给我，邀请我到克莱斯海姆宫来，使我再次打开记忆的闸门，回想起对我一生颇有裨益的学徒时代，当年，我在卡尔·波德拉哈师傅的照料下，为舍茨豪泽费尔德居民区供应食品杂货。颁奖仪式开始前，我在宫殿前来回踱步，花园的浓浓秋色，让我触景生情，往昔学徒生涯又活灵活现地展现在我面前，我仿佛又是那个十六七岁的小伙子，穿着商店灰大褂工作服，从半米高处不用漏斗往极细的玻璃瓶颈里倒醋和食油，店里头除了我，没有第二个曾学我这样做过。我从库房里把八十甚至一百公斤重的大袋子货物扛进地下室商店，星期六中午我跪在地上擦地板，老板在核算一天的账目。早晨我打开剪刀形推拉式窗栅栏，晚上再把它关上，这中间就是不断实现我意愿的天地：为舍茨豪泽费尔德的居民和我的老板师傅服务。几周前我来到周围的一个村子里，这里有一家奥地利最大的制鞋集团开的一个分店，像这样的分店这家集团拥有几百家，当我走进这家分店时，看到墙上张贴着我当年针对商店学徒的举止行为和工作态度提出的一些观点，在《地下室》一书里有相关的记载。集团领导从我的书里把我这些想法抄写下来，印刷数百份发给其全体学徒工。我来到这家店是想买一双运动鞋，站在那里，看着墙上我在《地下室》写下的类似学徒行为准则的那些语句，在我的写作生涯中第一次感到，我是一位有用的作家。我念了好几遍张贴在墙上的那些话，没有暴露自己的身份，然后买了我想要的鞋，走出鞋店，我感到难以设想的满足。《地下室》这本书描写了我在赖辛哈勒大街上那次转身，在那个早晨我没有去高中读书，而是去了劳动局找一份学徒工作，因此才有了后来的一切。在克莱斯海姆宫殿花园里，在举行颁奖典礼之前，我竟有闲情逸致，让在这个花园里突然袭来的伤感在心头萦绕，并心甘情愿受其支配。我先是一个人散步，然后与朋友一起，沿着围墙，我十分熟悉的围墙，我记得，战争结束后我曾悄悄地沿着墙轻轻地走着，以便在黄昏时分越过重兵把守的、禁止通行的边境。这是三十五年前的事情了。希特勒曾打算把这座宫殿作为他的官邸。如今希特勒身在何处？倒是美国总统尼克松和福特曾多次在这里下榻，还有英国女王。现在这里是联邦商会领导下的举世闻名的职业学校。学校的学生们亲自动手为参加颁奖典礼的人，获奖者、嘉宾，以及全体与会者准备了丰盛的宴席，餐桌上的餐具也已摆放整齐。颁奖仪式在大厅里举行，一个四重奏或者五重奏乐队的演奏揭开了典礼的序幕。商界人士很少夸夸其谈，商会主席的讲话照例非常简短。几位大学教授分别为获奖者致颂辞，其中演讲者尝试阐述获奖的理由。在关于我的颁奖辞中，说我找到了一种崭新的自传形式。在颁发了证书和奖金之后，我的奖金是五万先令，乐队奏响了闭幕乐，上午的仪式宣告结束。按照这种场合通常的规矩，每张桌子上都摆着手写的小巧的名签，人们各按其位就座。我正好坐在萨尔茨堡商会主席海登塔勒身旁，令我吃惊的是，当我坐下后，他告诉我，他就是当年主持我学徒满师考试的考官。他今天对三十多年前的那次考试还记忆犹新。是的，我说，我也记得。海登塔勒主席说话声音很轻，让我听起来感到舒服。坐在我对面的是我的姑姑，我的左侧是我在萨尔茨堡的出版商。当坐在我右边的海登塔勒主席半天没有说话的时候，我的出版商咬着我的耳朵，海登塔勒已病入膏肓，活不过两个星期了，他贴紧我的耳朵悄声说，他得了癌症。当海登塔勒先生又转向我讲话时，谈话的情形自然就有了变化。与这位出身高贵的先生的交谈我更加小心周到，就我所知，他的祖先属于萨尔茨堡最早的住户之列，还在磨房主掌权的朝代，后来得知他甚至和我有亲戚关系。他说，他只读过我的《地下室》。当年在满师考试时他问我知道哪些中国茶叶种类，我回答得完全正确。他说，这个问题是学徒感到最难回答的。典礼的气氛很轻松，只有商界颁奖才能如此无拘无束。海登塔勒主席说，今天学徒在满师考试中再也没有人分得清这么多茶叶种类，也分不清这么多咖啡种类，上百种茶叶和咖啡种类，只凭外观和味道就来区分，这是一道很棘手的考题。自然在接下来与他谈话时，总是在想我的出版商跟我悄悄说的那句话，在想我的邻座不久就会无可挽回地被顽症夺走生命。我时时在想，我该与我当年满师出徒考试的主考官说什么、怎样说，才能尽可能地让他的这顿午餐时光过得更舒适。关于我们共同的故乡萨尔茨堡，我们各自谈了在这里的一些经历，提到了一系列我们俩都熟知的名字，有几回我们开心地笑着，我注意到有一次我的邻座甚至大笑起来。他是否知道他已不久于人世？或者这一切都是道听途说，没有可靠的根据？与一个人谈话，知道这个人很快就会死去，这样的谈话难言轻松。当午餐结束，在场的人相互告别时，说实在的我感到很高兴。这次典礼开始得如此让人快活，结束得如此让人伤心。在克莱斯海姆宫举行颁奖典礼后的那些天里，在格蒙登为读报我每天都去的那家咖啡馆里，我总是一开始就找登载死亡信息的版面，已经过去十四天了，仍然没有见到海登塔勒的名字出现在那里，在这个版面没有，在登载讣告的地方也没有。但是到了第十五天，或者是第十六天，海登塔勒的名字出现在报纸上了，字体很大并打了黑框。我的出版商没有传谣，只不过日期差了一天或二天。我坐在咖啡店里，观看着窗前的海鸥，它们贪婪地冲出汹涌的海浪，飞来啄食那些领退休金的老太太扔给它们的面包渣，然后呼啸着离去，耳边又响起了海登塔勒先生在克莱斯海姆宫宴席上对我讲的一切，他的谈吐非常矜持，他的举止流露着与他出身的等级和他那古老家族相适应的庄重。如果没有获得联邦商会文学奖，我就不会与海登塔勒先生重逢，我直到今天也不会知道那么多像这次见面所了解的关于我祖先的事情，他很熟悉我家人的情况。

毕希纳奖

1970 年我获得毕希纳[1]奖时，1968 年那场所谓的大学生革命很遗憾已逐渐平息，一场具有浪漫色彩的、因此完全失败了的、没有专业水准的造反，只作为毫无用处的一场革命尝试载入史册。大学生们并非十分认真的抗议，最终导致出现同预期正好相反的结果，导致知识分子的一次灾难和悲伤的觉醒。这场运动的发动者只睁着半只眼睛向法国人学习，没有像他们原本打算的那样，重新把那优秀的、无所畏惧的精神在德国倡导起来，而是以一种与革命毫无共同之处的浅薄，以一种现在看来只是从法国人那里盗窃来的时髦，把那种精神完全驱逐掉了，它的缺失将在德国持续很长时间。现在德国的精神状况显然比 1968 年事件之前更令人沮丧。这不是一场以毕希纳及其同仁的思想为标志的运动，只不过是百无聊赖的知识分子玩的一种变态游

1　格奥尔格·毕希纳（Georg Büchner, 1813—1837），德国作家、戏剧家，积极投身革命活动。代表作为话剧《丹东之死》《沃伊采克》等。德国最有影响的文学奖以他的名字命名。

戏，在德国，知识分子的百无聊赖已有百年的传统。与毕希纳奖相连的这个名字是我数十年所十分敬重的。我在萨尔茨堡莫扎特音乐和表演艺术大学的毕业作品，不假思索就确定下来了，作为导演作品，除了克莱斯特的《破瓮记》和托马斯·沃尔夫的《庄园》，就是毕希纳的《莱昂斯和莱娜》。我这一生对我特别喜欢的人或事不会溢于言表，涉及毕希纳我几乎从未发表过什么看法。德国科学院颁给我毕希纳文学奖，要求我讲话，这与我一向的处世原则相抵触，于是这样的讲话也就没有产生。与他们的愿望相反，我的态度很明确，在达姆施塔特的讲台上决不允许自己去谈论格奥尔格·毕希纳，尽可能不提格奥尔格·毕希纳这个名字，我做到了，因为我在达姆施塔特总共只讲了几句话，而且都与毕希纳无关。我们不可以经常把我们的伟大人物搬出来，强迫他们听我们没完没了的牢骚和抱怨，向他们倾诉我们的生存状况如何可怜，我们如何孤单无助。经常会遇到这种情况：一些人，如果他们获得了"康德奖章"，或者"丢勒奖金"，他们的讲话便大谈特谈康德或者丢勒，并且牵强附会地把这些伟大人物与自己联系起来，对着听众像一部老掉牙的百科全书一样搜肠刮肚地兜售一些淡而无味的、远离现实的货色。我不喜欢这样做事。于是我在达姆施塔特只讲了几句话，这几句话诚然与毕希纳无关，但都与我自己有关。说到底，我的讲话不是要阐释毕希纳，他不需要人们去阐述，我的讲话只尽可能简短地谈一下自己，以及我与周围世界的关系，谈我自己这个世界的中心，这个中心自然同时，只要我活着，对我来说也是而且必定是世界的中心，如果要我讲实话的话。我想，我在这儿不必做祈祷，而是讲一种观点，我讲话，当然这观点只能是我的观点。总而言之，我只讲了几句话，听众还以为，我讲的是我讲话的一个开头，但它却是全部。我微微鞠躬向听众致意，发现他们颇不满意我的演讲。但是我到达姆施塔特来，不是为了让一些什么人满意来的，而只是来领奖的，这个奖设数目为一万马克的奖金，关于这个奖，毕希纳本人根本一无所知，他早在产生设立这个奖项的想法数十年之前就不在人世了，所以毕希纳与毕希纳文学奖没有任何关联。有关联的是德国语言文学科学院，不是毕希纳本人。因此我要感谢德国语言文学科学院颁奖给我，实话实说我感谢的是数目不菲的奖金，所谓荣誉，这个奖项给获奖者带来的荣誉，我在乘车前往达姆施塔特的时候，就将其撇在一边了，我在那个时候就对这项荣誉，以及一切其他荣誉都持怀疑态度了。但我没有理由向科学院报告我的观点，我打好背包，就和我姑姑一起朝达姆施塔特这里来了，我想让我和我的姑姑享受一次愉快的德国旅行，我们已经在

109

乡下我家里过了很长一段时间，漫长的贫乏、节俭的日子，该换换环境了。科学院的先生们极其友好，与他们的许多谈话让人感到愉快，没有出现任何险情，我不想让此次德国之行受到任何干扰。颁奖典礼程序我觉得很古怪，但我还是承受下来，按照同样的程序领奖的维尔纳·海森伯格多次跟我说，这仪式着实挺滑稽，他是因为科学理论著述而获奖的，至于跟我们一起领奖的约阿希姆·凯泽、《南德意志日报》的著名评论家，心里怎么想，我就不得而知了，他一直不动声色，城府很深。他坐在第一排我的身旁，颁奖结束后，我对他说，我的获奖证书比他的大三分之一，分量也比他的要重，从中至少可以看出不同奖项的量级也各异，他听后做了个怪脸，不管怎么样终于有了表情。随后在附近一家酒馆的地下室里，他那音乐理论方面的渊博知识让我大为震惊，只有钦佩的份儿，绝对只能哑口无言。对文学他一窍不通。偏偏是原子物理学家海森伯格多次问我，为什么作家总是哭丧着脸，这世界并不是这样令人痛苦呀。我自然是无言以对。达姆施塔特市宴请了我，我的几位朋友也在餐桌上相聚了，人家允许我写出几个名字，于是他们就接到了邀请。席间，我姑姑对她的邻座施托尔茨部长说，这天过生日的不只有毕希纳，顺便说一句，颁奖典礼是选在毕希纳生日的当天举行，我姑姑说，她的生日也是那天，刚好年满七十六岁，这时市政府的一位官员起身走了出去。过了一会儿，这位先生手持有七十六朵玫瑰的花束走了进来。这里我要说，我所以到达姆施塔特来，主要是为我姑姑过一个别开生面的生日，她和毕希纳一样生日也是 10 月 18 日。自然这并非唯一的理由，但的确是主要的理由。宴请结束后，我姑姑和我还在达姆施塔特市贵宾留言簿上签了名。关于这次颁奖活动，各家报纸大体上报道了我自己的所思所想，尽管以不同的角度，以种种不同的叙述手段。这是可以核对的。我曾经被选入达姆施塔特语言文学科学院，在这期间我已经宣布退出，因为吸纳我进入语言文学科学院并未征得我同意。由于我现在已经离开了科学院，德国语言文学科学院的评委会这次选择了我，颁奖给我，他们要对此负责，而不是我。

颁奖典礼上的讲话

在自由汉莎城市不来梅文学奖颁奖典礼上的讲话

尊敬的在场各位：

我无法根据贵市的城市乐师那个童话来构思我的讲话；我不想讲述什么；我不想唱歌；我不想在这里说教；但是这是真的：童话已不复存在，关于城市的、关于国家的，以及全部科学童话；还有哲学的；不存在精灵世界了，宇宙本身不再是童话了；欧洲，最美的，死了；这是真实和现实。现实，如同真实，不是童话，真实从来都不是童话。

五十年前欧洲还是唯一的童话，整个世界是童话世界。今天有许多人生活在这个童话世界里，但他们生活在一个死亡了的世界里，他们也是死人。谁没有死去，他就活着，不是在童话里；他不是童话。

我本人也不是童话，不是童话世界里的人；我曾不得不生活在漫长的战争里，看见几十万人死去，其他人越过他们，继续前行；一切都继续向前了，在现实中；一切都改变了，这是事实；在五十年里，在一切都反叛、一切都彻底变化了的五十年里，在千年的古老童话变成了这样的现实和真实的五十年里，我感到我如何越来越觉得寒冷，与此同时，旧世界变成了新世界，往昔的大自然变成了全新的大自然。

没有童话的生活是艰难的，所以在20世纪里，生活是如此艰辛；我们活着，但没有生活，没有人还在生活；但是在20世纪里还存在，这是美好的；还在走动；往何处去？我知道，我不是从童话里走出来的，我不会进入童话中，这已经是一种进步，已经是今天和以前之间的区别。

我们立足在整个历史的极其恐怖的领土上。我们惊骇，而且是作为新人的巨大的原料而感到惊骇——以及作为重新认识自然和革新自然的原料；在最近的半个世纪里，我们大家完全就是痛苦；今天这种痛苦，就是我们；这种痛苦现在就是我们的精神状态。

我们的体制是全新的，我们有着全新的世界观，全新的、的确无与伦比的世界环境观，我们拥有全新的道德，我们拥有全新的科学和艺术。我们觉得晕眩，感到寒冷。我们原以为，因为我们是人，将失去平衡，但是我们没有失去平衡；我们也曾想尽办法，为的是不必挨冷受冻。

一切都完全变了，因为我们改变了它们，外部地理与内部地理一样彻底发生了变化。

我们现在提出很高的要求，我们无法不提出如此高的要求；没有哪个时代像我们这个时代提出如此高的要求；我们的存在已经是狂妄；因为我们知道我们不可能坠毁，也不可能挨冻，我们就敢于做我们正在做的事情。

生活现在只是科学，来自科学的科学。现在我们突然与大自然融合为一体。我们同元素亲密无间。我们对现实存在做了试验。现实存在也试验了我们。我们现在知道了自然规律，不可穷尽的高级自然规律，我们能够在现实中真正地研究它们。我们现在不再依赖猜测和估计。现在我们去观察大自然再也见不到幽灵了。我们书写了世界历史最勇敢的一章；而且我们每一个人自身都处于惊骇的状态和对死亡的恐惧之中，没有人按照自己的意愿和自己的品位，而是按照自然的规律，我们书写的这一章是背着我们盲目的父辈和呆傻的老师；背着我们自己；在那么多无比冗长和平淡的篇章之后，我们写出了最简短、最重要的一章。

我们的世界突然清晰地呈现在我们的面前，我们的科学世界，这清晰让我们惊恐；在这清晰中我们感到寒冷；但是这清晰是我们自己想要的，是我们自己把它呼唤了出来，因此我们没有理由抱怨已成为现实的清晰。伴随着清晰的是寒冷的加剧。清晰和寒冷从现在起就是现实的存在。自然科学之于我们，将是比我们能够想象的更高度的清晰和更厉害的寒冷。

一切都将清晰可见，越来越高度的清晰，越来越深邃的清晰；一切都将是寒冷的，越来越令人恐惧的寒冷。将来，我们会有种感觉，即我们总是生活在清晰和寒冷的日子里。

感谢诸位倾听我的讲话。诸位今天的光临让我不胜荣幸。

在奥地利国家文学奖颁奖典礼上的讲话

尊敬的部长先生，尊敬的在座诸位：

没有什么要称赞的，没有什么要谴责的，没有什么要控诉的，但有许多事情是可笑的；如果想到死亡，一切都是可笑的。

人在这世界上走一回，感动地，无动于衷地，走在人生的舞台上，一切都是可以替换的，在这个道具国家里受到或好或坏的训练：错了！人们懂得：无知的民众，美丽的国家——死去的、认真的不负责任的父辈们，单纯的、卑劣的、需求贫乏的人们……一切都是极富哲理的、无法忍受的历史的前奏。时代都是弱智，我们心中的魔性是一座永远的、维护祖国的牢狱，在那里愚蠢和肆无忌惮这些元素成为每天不可或缺的需求。国家注定是一个不断走向崩溃的造物，人民注定是卑劣和弱智。生活毫无希望，毫无希望是各种哲学的依据，在毫无希望中，归根到底一切势必变成疯癫。

我们是奥地利人，我们麻木不仁；我们是生命，同时

119

对生命怀着普遍的冷漠，在大自然的活动进程中，我们是狂妄—意识，同时也是未来。

我们没有什么好讲的，除了我们的可怜巴巴，以及借助于幻想力沉溺于哲学、经济学和机械学的单调乏味。

以毁灭为目的的手段，垂死挣扎的造物，向我们解释着一切，但是我们什么都不明白。我们聚居在精神创伤上，我们害怕，我们拥有害怕的权利，我们已经看到，尽管在背景中尚不清楚：惊恐，这个庞然大物。

我们在思考的，是滞后的思考，我们在感觉的，是混乱无序，我们是什么，不清楚。

我们不必羞愧，我们什么都不是，除了混乱无序，我们不配得到别的什么。

我以我的名义，同时以这里与我一起获奖者的名义向评委会表示诚挚谢忱。

在毕希纳奖颁奖典礼上的讲话

尊敬的诸位：

　　我们所讲的，是没有研究和考察过的，我们没有在生活，但是作为虚伪者、屈辱者在推测，在生存，在糟糕的、归根到底是致命的对自然的误解中，由于科学我们迷失在这误解中，毫无希望；现象之于我们是致命的，还有词语，由于孤寂，我们在头脑里使用它们，忙活着，用成千上万、几十万老掉牙的词语，通过作为卑鄙的谎言的卑鄙的真实，反之，通过作为卑鄙真实的卑鄙的谎言，让我们可以辨认出的词语，在所有语言里，在所有的情况下，词语，那些我们敢于去讲、去写，敢于言说着去缄默的词语，词语，那些以虚无组成的词语，派不上任何用场，如我们所知，我们却将其隐瞒，词语，那些我们抓住不放的，因为我们由于软弱而发疯，由于发疯而绝望，词语只是传染和否认、涂抹和恶化、只是让人羞愧，它们只是歪曲这个世界，让其畸形，让其荒凉，让其黑暗；它们通过它们的滥用者，从嘴里、在纸上实施滥用；词语及其滥用者的性格形象是

121

不知羞耻的；词语及其滥用者的精神状态是无奈的、幸运的、灾难性的……

我们说，我们演出一场戏剧，毫无疑问演出会无限期地延长下去……但是在戏剧中我们做好了应付一切的准备，可对什么又都不在行，这样的戏剧，自从我们能够思考，总是这样的戏剧，总在加快速度，错过了提示词语……这绝对是躯体的戏剧——其次才是精神上的恐惧，就是说对死亡的恐惧……我们不知道，这是以喜剧为目的的悲剧，或者是以悲剧为目的的喜剧……但是一切都关系到恐惧，关系到悲悯，关系到没有行为责任能力……我们思考，但我们隐瞒不说：谁在思考，就在分解，就在取消，就在成灾，就在拆除，就在瓦解，因为思考顺理成章的就是消除一切概念……我们是（这是历史，是历史的精神状态）：恐惧，躯体和精神的恐惧，对死亡的恐惧，同时也是创造性……我们发表的，与存在的事物不一致，震撼是另一种样子，存在是另一种样子，我们是另一种样子，难以忍受的也是别的一种，不是疾病，不是死亡，是完全别样的情况，别样的状态……

我们说，我们拥有要求公正的权利，但是我们只有权利要求不公正……

难题是要把事情做完，就是说，克服内在的反感和外在的愚钝……就是说要跨越自身，跨越哲学的尸体，跨越整个文学，跨越整个科学，跨越整个历史，跨越一切……这是一个问题，是精神结构和精神集中的问题，这问题是孤立、是距离，……是单调……是乌托邦……是白痴……

难题一向是，要把事情做成，在思想里，是永远做不成，以及什么也做不成……问题是：继续，肆无忌惮地继续，或者停止，结束……这是关系到怀疑、误解和迫不及待的问题。

我感谢科学院，感谢诸位对我讲话的关注。

我为什么退出科学院

　　将曾经的联邦总统谢尔选为语言文学科学院成员，只不过是最后一个明确的理由，让我终于决定退出这个语言文学科学院，依据我的观点，这个科学院无论是与语言还是与文学都没有丝毫的关系，每一个理智健全的人，毫无疑问一定会心安理得地否认它的存在。多年来我就在考虑着、寻找着名称叫达姆施塔特科学院存在的意义何在，并不得不一再对自己说，一个机构的成立，怎么可能将满足其成员膨胀的虚荣心作为根本目的，让他们每年两次聚在一起对自己顶礼膜拜，花着国家的钱，一路优哉游哉来到达姆施塔特，住着高级宾馆，吃着美味佳肴，酒足饭饱之后，围绕着那碗已放冷了的稀汤寡水的文学之粥，不咸不淡地翻来覆去地扯上将近一周，难道说这就是这个机构存在的意义？如果说一个诗人或者作家，不管在哪里，已经是可笑的了，人类社会已经是难以忍受的了，那么一大群作家和诗人，以及这样一些自认为是志同道合的团伙，聚首一处，那得多么可笑，多么难以设想呀！说到底这些戴着文学桂冠的人，慷国家之慨来到达姆施塔特聚会，无非是在没有建树、只有同仁之间相互嫉恨的一年过后，在达姆施塔特这里再增加一周的相互烦扰。作家们在小德国宾馆的大厅里鼓唇弄舌，那情景是想象得到的最令人憎恶的。如果说这一切还是由国家资助，那就更让人掩鼻了。总而言之，今天整个国家资助活动都是臭气熏天！诗人和作家不应该受到资助，更不应该让一个本身就是国家拿钱供养的科学院来资助，而应该完全依靠自己。

现在语言文学科学院（瞧这世界上最荒诞的名称！）每年出版一本年鉴，也许至少这还有点意义？但是在这年鉴里，年年如此，发表的都是尘封已久的、既不与语言也不与文学有关的、可以说与精神根本不搭界的文章，因为这些文章来自那些愚昧无知的饶舌者，是他们那蹩脚的打字机炮制出来的货色，我们在奥地利称这些人为虚头巴脑的笨伯。在这科学院年鉴里除了满篇的空洞乏味还有什么呢？还有就是长长的各种各样荣誉获得者的名单，显示这些精神蚯蚓在过去一年里千方百计"荣获"的表彰。除了这些蚯蚓自己谁还会对此感兴趣？这还不算，不要忘记，还有一份虚伪的死人名单，配有临时拼凑的、应景的悼念文章，看起来仿佛一副科学院死人扑克牌，每一篇都比前一篇更愚蠢、更让人难堪。可惜印刷这份年鉴所用的质量那么好的纸张了，用它作为燃料来烧我奥尔斯多夫家居的炉子显然是不合适的。每逢邮递员把这些废物卸载到我这里，我都手足无措，让我遇到了天大的麻烦。

但是人们会说，语言文学科学院（应该给为科学院起这个名称的那些人追加颁发毕希纳奖！）是毕希纳奖的颁奖单位啊，毕希纳奖可是所谓全德国最重要的文学奖啊。我看不出来，为什么这个让人莫名其妙的单位非颁发毕希纳奖不可，因为颁这个奖不必非得是一家科学院，更不必非要语言文学科学院，这个单位只不过拥有从概念到语言都稀奇古怪的名称罢了。当年，据说正好七年前，我被选入这个科学院，对此我个人颇不以为然。直到后来，我逐渐才意识到这家达姆施塔特科学院如何令人起疑，当我读到瓦尔特·谢尔先生被选入这家科学院时，在那一刻我才感到的确应该认真地加以对待了，于是毫不犹豫地退出了科学院。我的想法很简单，他谢尔先生加入，我就立刻退出。

我认为，语言文学科学院，无论是对于德国还是对于其他地方，它都是最没有必要存在的单位，它对于诗人（真正的诗人！）和作家（真正的作家！）与其说有利不如说其害无穷。我祝愿语言文学科学院连同谢尔先生万事如意。当某个成员逝世时，达姆施塔特科学院（语言和文学科学院！）总是自动地发出带黑框的讣告，以及内容总是相同的悼词（对这样的悼词倒是可以在语言和文学上争论一番）。也许我还能经历到，这家科学院发出一则讣告，上面不是悼念某位值得尊敬的成员，而是科学院自己。

出版者附记

1988年8月23日，在奥尔斯多夫与西格弗里德·翁泽尔德会面时，托马斯·伯恩哈德——去世六个月前——报告了他的出版计划。出版商翁泽尔德在一篇旅行报告中引用了伯恩哈德如下的话，"我又读了一遍《纽芬兰》，已经完成了，但我还是犹豫不决，我现在正在写另外一部散文作品，年内完成，我不知道应该先出哪一本。1989年3月你们将收到这部作品，与一部届时我很可能也已完成的喜剧一起"。

在托马斯·伯恩哈德的遗物中有一捆篇幅参差不齐的文稿（托马斯·伯恩哈德文献资料馆，格蒙登，SL 12.14/1至 SL 12.14/13）：其中有一些打字稿页上是为题目叫《纽芬兰》的散文作品写的各种草稿（它们的长度都不超过三页）——根据作者的意思，这本小说完成后得有《伐木》那样的规模，大约有三百页。此外还有一部作者已经修改过的五十页的打字书稿，用手写的数字编了页码，在标题页上是用打字机写的名字：托马斯·伯恩哈德，下面是书名：《我的文学奖》。

这一页的右下边，是伯恩哈德手写的说明："十二或者十三项文学奖中的九项。"（见第 134 页插图）

同一捆文稿里还有用打字机写的、1965 年在不来梅文学奖颁奖典礼上的讲话草稿两份，一份用打字机复写的答谢辞确定稿，一份接受奥地利国家奖（1968）时的讲话，用打字机复写的文本，以及多封关于国家奖和安东·维尔德甘斯奖致作者的信函。还有汉斯·罗赫尔特在《上奥地利消息报》（1968. 3. 5）发表的关于国家奖颁奖的文章（标题为"毁坏了的田园"），也在这捆文稿里。

从发现的这些文稿可以推测，托马斯·伯恩哈德原打算将 1980 年撰写的打字书稿《我的文学奖》，可能还要稍加修改，如所预告的那样，在 1989 年 3 月寄给他的出版商付印。这样猜想的一个根据是，伯恩哈德在有生之年（1989年初）最后出版的那本书，即《高度，抢救尝试，荒唐》，就选择了这样的出书方式，这是业已经过编审的文本，是作者注明在 1959 年完成的手稿。另外他所以着手整理出版早期作品，因为自 1988 年最后几个月以来，身体状况已经不允许他再用打字机打下长达三百多页的长篇小说书稿。

托马斯·伯恩哈德对翁泽尔德提到的"散文作品"是否就是《我的文学奖》，这一假设无法用作者的口述和书面文字来证实。不过可以证实的是，打字稿是作者计划出版的：在最后一页（见第 137 页插图）上，他除了用习惯使用的典型粗黑记号笔在"完"这个字的下边写下花体字的大写字母作为签名，还注明打字稿要补充进接受不来梅文学奖、奥地利国家奖和毕希纳奖的答谢辞，以及他退出德国达姆施塔特语言文学科学院的声明。

该文稿写作的时间从书稿本身可以找到明确的记载。伯恩哈德写道："不久前我退出叫作达姆施塔特科学院的机构……"（第 96 页）1979 年 12 月 8 日，在一篇发表在《法兰克福汇报》上的文章里，他陈述了退出科学院的理由。

另外一个尽管不太精确的成书时间的证明，包含在叙述 1978 年获得奥地利联邦商会文学奖那一章里："我先是一个人散步，然后与朋友一起，沿着（克莱斯海姆宫的）围墙，我十分熟悉的围墙，我记得，战争结束后我曾悄悄地沿着墙轻轻地走着，以便在黄昏时分越过重兵把守的、禁止通行的边境。这是三十五年前的事情了。"（第 103 页）鉴于伯恩哈德家 1946 年已从巴伐利亚的特劳恩施坦因迁到萨尔茨堡，那么这一段文字表明，写成《我的文学奖》的时间是 1980 年或者 1981 年。

如此确定时间还有一个根据，那就是托马斯·伯恩哈德着手写作《维特根斯坦的侄子》一书的时间。这是 1982 年 1 月，写作过程中还利用了《我的文学奖》某些章节，做了改写（参见原版第105—118页，法兰克福1982，苏尔坎普出版社，苏尔坎普图书馆系列，第788卷，以及选集第13卷，法兰克福2008，第270—279页）。这就意味着，《我的文学奖》产生于1980年初和1981年末之间。伯恩哈德在写给格哈德·鲁伊斯的一封信（收在《国家奖：伯恩哈德事件》中，阿尔弗雷德·古布兰主编，克拉根福1997，第12页起）中也谈到他获得的各种文学奖，这封信注明的日期为1980年12月16日，叙述的方式与《我的文学奖》书稿相似，由此也可以把1980年视为《我的文学奖》成书的时间。

此次出版，在书写规则和标点符号的使用方面，仍然根据伯恩哈德的打字书稿（如同出版他所有的作品一样，此次也把"ss"变成"ß"）。文稿中的书写错误在校阅时顺带改正了过来，删掉了几处与语句意思不符的逗号，还有的地方为更好理解起见增添了逗号。对不同的书写方式做了统一，强调的字、句用斜体表示，书名、报刊名称等也用斜体。托马斯·伯恩哈德交稿前做了全面修订，因此需要改动之处只有八个，并且根据上下文怎样改动也都有明确的限定（都是删掉或增添一个词）。有一句话伯恩哈德显然没有改完（第80页）："乐师们状态不佳，许多地方音都不准，但是在这样的场合甚至没有人注重过乐曲演奏得是否准确。"后一分句改成："但是在这样的场合甚至没有人注重乐曲演奏得是否准确。"

伯恩哈德在文稿最后一页上的说明（见第137页插图），意思也不完全清晰，据此说明，三篇讲话和他的退出达姆施塔特科学院的声明应补充进文稿，但是放在什么位置并不明确，此说明也可以理解为：可能他的意思是排印时将补充的四篇分别放在相关一章的末尾。此次出版没有这样做，因为没有找到口头上和书面上的佐证。

三篇讲话文本根据以下出处：

接受鲁道夫·亚历山大·施罗德基金会/自由汉莎城市不来梅文学奖的答谢辞（当时的正式称谓），根据《随着清晰度增高寒冷在加剧》，收在《年轮》1965/1966，斯图加特1966，第243—245页。

为小说作品接受奥地利国家奖的讲话，文本来源：《论托马斯·伯恩哈德》，安内利泽·博托恩德主编，法兰克福1970，第7页起。

接受格奥尔格·毕希纳文学奖的讲话，文本来源：《永远并且一事无成》，收在：《年鉴》1970，海德堡/达姆施塔特1971，第83页起。

雷蒙德·费林格尔

Thomas Bernhard

Meine Preise

Preise von 12 okt. 73

Der Grillparzerpreis

Zur Verleihung des Grillparzerpreises der Akademie der Wissenschaften
in Wien musste ich mir einen Anzug kaufen,denn ich hatte plötzlich zwei
Stunden vor dem Festakt eingesehen,dass ich zu dieser zweifellos ausser-
ordentlichen Zeremonie nicht in Hose und Pullover erscheinen könne und
so hatte ich tatsächlich auf dem sogenannten Graben den Entschluss
gefasst,auf den Kohlmarkt zu gehen und mich entsprechend feierlich ein-
zukleiden,zu diesem Zwecke suchte ich das mir von mehreren Sockeneinkäufen her
bestens bekannte Herrengeschäft mit dem bezeichnenden Titel Sir Anthony
auf,wenn ich mich recht erinnere,war es Dreiviertelzehn,als ich den Salon
des Sir Anthony betrat,die Verleihung des Grillparzerpreises sollte um
elf stattfinden,ich hatte also noch eine Menge Zeit.Ich hatte die Ab-
sicht,mir,wenn schon von der Stange,so doch den besten Reinwollanzug in Anthrazit anzuschaffen,dazu die passen-
den Socken,eine Krawatte und ein Hemd von Arrow,ganz fein,graublau ge-
streift.Die Schwierigkeit,sich in den sogenannten feineren Geschäften
gleich verständlich zu machen,ist bekannt,auch wenn der Kunde sofort
und auf die präziseste Weise sagt,was er will,wird er zuerst einmal un-
gläubig angestarrt,bis er seinen Wunsch wiederholt hat.Aber natürlich
hat der angesprochene Verkäufer auch dann noch nicht begriffen.So dauerte
es auch damals im Sir Anthony länger als notwendig,zu den in Frage kommen-
den Regalen geführt zu werden.Tatsächlich waren mir die Umstände in diesem
Geschäft von meinen Sockeneinkäufen her schon bekannt,und ich selbst
wusste besser als der Verkäufer,wo ich den gesuchten Anzug zu finden habe.
Ich schritt auf das Regal mit den in Frage kommenden Anzügen zu und ich
deutete auf ein ganz bestimmtes Exemplar,das der Verkäufer von der Stange
herunternahm,um es mir vor die Augen zu halten.Ich prüfte die Stoffqua-
lität und machte sogleich in der Kabine eine Probe.Ich beugte mich ein
paarmal vor und lehnte mich zurück und fand,dass mir die Hose passte.Ich
zog den Rock an,drehte mich ein paarmal vor dem Spiegel,hob die Arme und
senkte sie wieder,der Rock passte wie die Hose.Ich ging ein paar Schritte
mit dem Anzug durch das Geschäft und suchte mir bei dieser Gelegenheit
das Hemd und die Socken aus.Schliesslich sagte ich,dass ich den Anzug an-
behalten und auch noch das Hemd und die Socken anziehen wolle.Ich suchte
mir eine Krawatte aus,band sie mir um,zog sie so weit als möglich zu,
begutachtete mich noch einmal im Spiegel,bezahlte und ging hinaus.
Meine alte Hose und meinen Pullover hatten sie mir in eine Tasche mit
der Aufschrift Sir Anthony gepackt,so,mit dieser Tasche in der Hand,ging
ich über den Kohlmarkt,um mich mit meiner Tante zu treffen,mit welcher
ich verabredet gewesen war im Restaurant Gerstner auf der Kärntnerstrasse,
im ersten Stock.Beim Gerstner wollten wir noch kurz vor der Feierlichkeit

dem Minister Storz, gesagt hatte.¹

barn........ass nicht nur Büchner an diesem Tage Geburtstag habe, sondern
sie selbst auch und zwar den sechsundsiebzigsten, war einer der Stadtherren
aufgestanden und hinausgegangen. Etwas später war er mit einem Strauss mit
sechsundsiebzig Rosen wieder hereingekommen. Und hier muss ich sagen, dass
ich vor allem nach Darmstadt gereist bin, um meiner Tante einen schönen Ge-
burtstag zu machen, denn sie hat, wie Georg Büchner, am achtzehnten Oktober
Geburtstag. Natürlich war das nicht der einzige Grund, aber es war der Haupt-
grund gewesen. Meine Tante und ich haben uns am Ende des Essens in das Gold-
ene Buch der Stadt Darmstadt eingetragen. Die Zeitungen schrieben über die
damalige Preisverteilung, wenn auch aus unterschiedlichen Perspektiven und
mit den unterschiedlichsten Mitteln etwa das, was ich selbst dachte. Es ist
nachzulesen. Die Jury der Deutschen Akademie, aus welcher ich inzwischen
ausgetreten bin, weil sie mich einmal ohne mein Wissen zu ihrem Mitglied
(und weil sie von mir nicht mehr vertretbar gewesen ist,)
gewählt hat, hat meine Wahl zum Büchnerpreisträger zu verantworten, nicht
ich.

Dazu:

Ansprachen Bremer
          Staats
          Büchnerpreis
          Mein Austritt(Aus d.deutschen Akademie)

                Ende

Fr. B.

作家和文学奖——代译后记

　　这本书不是小说，不是戏剧，是奥地利作家托马斯·伯恩哈德讲述他获得各种文学奖的经历，说得确切些，是他接受的部分文学奖。有一些所获奖项他没有写，还有些奖他没有接受。但是该书读起来让人感觉到既像小说又像戏剧，体现着作者那独特的叙事风格。在娓娓道来的讲述中，有矛盾和冲突，有惊喜和烦恼，有无情的揭露和批判，也有柔情似水的关怀。获奖前前后后的经历大多不同寻常，有的让人忍俊不禁，有的让人瞠目结舌，有的甚至跌宕起伏，峰回路转。

　　读这本书让人不能不思考作家和文学奖这个问题。

　　作家是什么人？不是圣人，不是伟人，而是在争取有尊严地生存的过程中，能以文学的方式生动地表达真实感受的人。文学奖是什么？是某机构对作家文学成就的评价和奖励。颁发文学奖的组织有两种，政府的和民间的，其文学奖往往以历史上著名文学家冠名，但实际上与这个文学家没有任何关系，就像伯恩哈德在书中所说，毕希纳奖与毕希纳本人没有任何关系。无论政府某机构的，还是民间的，他们对作家的评价，都不能不深深地打上某个具体评奖单位的烙印。文学作品是一种精神产品，孰优孰劣，固然容易评定，哪个最佳最优，就很难说。真正公正的、让人信得过的评价是时间，经过时间长河的冲刷、筛选和淘汰，能够流传下来、仍然让人喜爱的才是真正优秀和经典的作品。如果一个作家对当下的各种文学奖过于感兴趣，那他必定失去自己写作的根基。

1963 年伯恩哈德的第一部小说《严寒》问世，同年，就因此作品获奖。在随后的十多年间，几乎年年都能拿到奥地利的或者德国的文学奖。

他的第一次文学奖让他欢欣鼓舞。得到消息后，他高兴得巴不得到市中心告诉见到的每一个人。其一，那是在他的小说处女作发表后不久，作为崭露头角的青年作家对自己的前途还没有十足的信心，意外获奖无疑对他是莫大的鼓励。其二，这个奖以海涅的出版商命名，让人立刻想到著名作家海涅。其三，这个奖来自汉堡——他当时最喜欢的城市之一。使他感到特别开心的是，这个奖不举行颁奖典礼，获奖者届时将被邀请到汉堡卡姆佩出版社亲自领取奖金和证书。伯恩哈德拿着奖金返回维也纳后，立即用全部五千马克买了一辆汽车，坐在新车里，光在维也纳开来开去还不过瘾，没过两天，便开到了南斯拉夫，结果让当地的司机把心爱的车撞成了一堆烂铁，万幸的是伯恩哈德捡回一条命，只受了点轻伤，看来这是一个乐极生悲的故事。不过事情到此还没有完。经人介绍他请了一位资深律师向南斯拉夫方面索赔，随着时间一天天过去，事情没有任何进展。正当他懊恼不已，担心官司打不赢反倒要搭上一笔高昂的律师费用时，好消息传来，南斯拉夫方面确认，那个当地司机负全部责任，赔偿了汽车不说，还支付了一笔不菲的精神抚慰金和可观的服装补偿费。真是祸兮福之所依。

此后的大多数获奖的经历都让他反感，甚至恼火。比如1967年，他先后获奥地利国家文学奖和奥地利工业家协会颁发的安东·维尔甘斯奖。在颁发国家奖的典礼上，文化、艺术和教育部部长竟说伯恩哈德创作了一部小说，故事发生在南海的一个岛屿上，听得伯恩哈德丈二和尚摸不着头脑。在谈到作家简历时把伯恩哈德称为"在我们中间生活了一些时间的外国人"，伯恩哈德曾在一次颁奖仪式上被称为"女士"，看来对他的待遇在不断升级。这还不算，随后伯恩哈德致答谢辞，这是一篇泛泛的讲话，从哲学的角度提及人生、死亡、社会和国家，当说到"国家"这个词时，不是放在一种常见的卑躬屈膝的语境中，而是以批评和审视的目光，于是部长勃然大怒，朝他挥拳威胁，然后扬长而去，把礼堂大门甩得山响，其他人无不尾随部长迅速离开，把获奖者伯恩哈德和他的三四位朋友晾在大礼堂里。第二天，各家报纸纷纷报道作家伯恩哈德制造事端，有的报纸上的文章甚至说：他是一只臭虫，必须铲除之。接下来是奥地利工业家协会颁发的安东·维尔甘斯奖。伯恩哈德已经正式接到参加颁奖仪式的邀请，但不久又接到举办单位取消颁奖典礼的通知，而且未加任何说明。事后得知，原来上面提到的那位部长突然拒绝出席颁奖典礼，因为典礼的主角是"伯恩哈德先生"。既然没有机会在政府面前显示对文学艺术的资助热情，工业家协会也就不再愿意陪伯恩哈德一个人玩了。后来工业家协会以普通印刷品的形式，给伯恩哈德寄去获奖证书，并汇去二万五千先令的奖金。

伯恩哈德感慨，一个工业家协会，资产以百万、千万计，颁发的文学奖只有区区二万五千，堂堂的国家奖也是这个数目，仅相当于一个中级乡镇职员最低月薪。伯恩哈德说，他们不但不感到羞耻，反而在大小报刊上造势，大肆宣扬他们如何慷慨大度资助文学艺术，沽名钓誉。其实，他们应该为其卑劣行径受到抨击。可是话又说回来，就文学和作家在这个社会上的实际地位和受到的待遇来说，他们对文学和作家的评价并非没有道理，可以说还是很专业、很准确的。

伯恩哈德参加颁奖典礼遭受的难堪、屈辱，使他从心里厌恶颁奖典礼。首先他得委屈自己穿上所谓体面的服装，规矩地坐在那里，听首长或官员张冠李戴、谬误百出的讲话，还要硬着头皮去听那些专家对他的作品所做的莫名其妙的分析。他还得坐在首长身边，听其在颁奖仪式上，因百无聊赖而发出的令人心烦的鼾声。

伯恩哈德对文学奖深层次的了解，是在他自己当了评委之后，很多文学奖的评委会是由之前一些获奖者组成。伯恩哈德在获得不来梅文学奖后，曾作为评委评选这个奖项的下一届获奖者，两个多钟点的会议，都因一个人的提名得不到其他评委的支持而形成不了决议，最后评委已现倦意，隔壁餐厅的午餐饭香也飘散过来。这时突然有人从长桌上一堆书中随便拿起一本，并提议获奖者就是这本书的作者了。于是两个多小时从未被提及的这位作者，就得到了评委几乎一致的通过，成为新的获奖者，而伯恩哈德多次提议的卡内蒂却因为是犹太人而遭否决，数年后卡内蒂不但获得了毕希纳奖，而且还戴上了诺贝尔文学奖的桂冠。

这样一些事实，让伯恩哈德对文学奖从反感到鄙夷，最终甚至于憎恶起来。他在书中说："在我欣喜雀跃地接受

143

了尤利乌斯·卡姆佩奖之后，每逢再得奖，总觉得索然无味，甚至感到恶心，心中总有一种抵触的感觉。但是许多年里每逢有奖向我颁发，我都显得太软弱，不能坚强地说声‘不’。我总是想，在这方面我这个人性格有缺失。我蔑视文学奖，但我没有拒绝。这一切都令我厌恶，但最令我厌恶的是我自己。我憎恶那些典礼，那些仪式，但我却去参加；我憎恶那些颁发奖金者，但我却接受他们递给我的奖金。"他又说："今天不可能再是这样了。到四十岁为止……"

1972年伯恩哈德获得弗朗茨·特奥多尔·乔科尔文学奖，他没有去拿那一万八千先令的奖金，而是让人把它作为对监禁者的救济汇给施泰因监狱。他在书中说："其实这样做也不是解决问题的办法。如此这般的所谓与社会福利相关的慈善行为，归根到底也并非没有虚荣的成分，自我美化、自我满足。让这个问题一劳永逸地不再出现，唯一的做法就是不让自己再接受荣誉和奖金。"

伯恩哈德的确这样说，也这样做了。只有一次例外。那是1976年，奥地利联邦商会因伯恩哈德在这年发表的自传体作品《地下室》向他颁发联邦商会文学奖。该书记叙了他年轻时在城边一个居民区食品杂货店当学徒的经历。伯恩哈德不把这个奖与他的文学创作，而是与他的学徒岁月联系在一起。颁奖典礼上商界人士不称他作家，而是杂货店学徒，他甚至于觉得自己是商界一分子，他们不夸夸其谈，在宴会上，伯恩哈德坐在商会主席身旁，面对着这位想当初自己满师出徒的考官，他竟动情地与对方畅谈起对他一生具有重要意义那段生活。

伯恩哈德不再接受任何文学奖了。1979年伯恩哈德退出达姆施塔特语言文学科学院，1980年在答记者问时他说，他只对写作感兴趣，他不参加任何协会，不当任何什么院和什么团体的成员，他只做医疗保险的成员。他再次重申不接受任何什么荣誉和奖项，包括诺贝尔文学奖。

也许人们要说，伯恩哈德为人不够厚道，用文学奖的所得购置了房产买了汽车，反过来还要对文学奖口诛笔伐。其实，他在批判文学奖的同时也在剖析自己，而且毫不留情，他在书中说："我对金钱贪婪，我没有个性，我是一头猪。"他的亲身经历告诉他，获得文学奖与否与一个作家的成就没有关系。更多地与文学以外的因素有关。他蔑视那些总喜欢巴结权势的作家，他们甚至于吃早点喝一杯咖啡，或者去旅行度假都不用自己掏钱。他说，我们怎么能指望这些人会写出什么好作品来呢。

他说，在我们这个国家里，文学没有价值，这里音乐有价值，浅薄的话剧表演也有价值，比如那种没有棱角和锋芒的卡巴莱。奥地利人承受不起严肃文学，只有低俗的逗乐在这里有市场。伯恩哈德在自由汉莎城市不来梅文学奖颁奖典礼上说，"伴随着清晰的是寒冷的加剧"。今天的世界正在变得没有童话，没有幽灵，我们的科学和技术让世界清晰地呈现在我们面前，财富和权力的勾结日益明目张胆。这清晰让我们惊恐，在清晰中我们感到寒冷。想象和幻想的行将消失意味着文学的末日，没有文化、没有文学艺术的世界是清晰的，也是更加寒冷的。不少从事文学和艺术的人已经失去了自我，热心旁门左道追名逐利。一个真诚的作家，不会让文学奖干扰和左右他的创作，只有这样，他的作品才能温润人们的心灵，帮助他们抵御惊恐和寒冷。

马文韬

2011 年秋于芙蓉里

托马斯·伯恩哈德生平及创作

1931 托马斯·伯恩哈德生于荷兰海尔伦。母亲赫尔塔·伯恩哈德与阿洛伊斯·楚克施泰特未婚怀孕。赫尔塔于1930年夏离开奥地利，到荷兰打工做保姆，1931年2月9日生下托马斯。操木匠手艺的生父不承认这个儿子，逃脱责任去了德国。这年秋天，母亲将托马斯送到维也纳她父母家里。

1935 外祖父母迁居奥地利萨尔茨堡州的泽基尔兴，外祖父约翰内斯·弗洛伊姆比希勒是位作家，很喜欢托马斯这个外孙。

1936 母亲赫尔塔与理发师埃米尔·法比安在泽基尔兴结婚。

1937 继父法比安在德国巴伐利亚州找到工作，母亲带托马斯随后也到了那里。

1938 生父楚克施泰特与他人结婚。母亲生下彼得·法比安，托马斯的同母异父弟弟。

1940 母亲生下苏珊·法比安，托马斯的同母异父妹妹。

生父楚克施泰特在柏林自杀。

1941　　　母亲与托马斯不睦，托马斯作为难以教育的儿童被送到特教所。

1943—1945　在萨尔茨堡读寄宿学校，经历了盟军对萨尔茨堡的轰炸。

1946　　　法比安一家被逐出德国，移居萨尔茨堡。一大家人包括外祖父母，挤在拉德茨基大街两居室单元房里。托马斯读高级中学。

1947　　　托马斯辍学，在萨尔茨堡贫穷的居民区一家位于地下室的食品店里当学徒。

1948—1951　托马斯患结核性胸膜炎，后来加重发展成肺病，在多处医院住院治疗，在寂寞、无聊，甚至绝望中，他开始了阅读和写作。

1949　　　外祖父去世。

1950　　　结识斯塔维阿尼切克医生的遗孀——比他大三十七岁的黑德维希·斯塔维阿尼切克女士，她直至1984年逝世始终支持伯恩哈德的文学活动。通过这位居住在维也纳的挚友，正在开始写作的伯恩哈德接触了奥地利首都的文化界。伯恩哈德在他的散文作品（亦称小说）《维特根斯坦的侄子》中借助主人公"我"说，"我有我的毕生恩人，或者说我的命中贵人，在外祖父去世后她是我在维也纳最重要的人，是我毕生的朋友……坦白地讲，自从她三十多年前出现在我身旁那个时刻起，可以说我的一切都归功于她"，这就是伯恩哈德对这位女士的评价。伯恩哈德的母亲去世。

1952	发表文学创作处女作：诗歌《我的一块天地》，刊登在《慕尼黑信使报》上。
1952—1955	通过著名作家卡尔·楚克迈耶的介绍，担任萨尔茨堡《民主人民报》自由撰稿人。与斯塔维阿尼切克女士一起到意大利威尼斯、南斯拉夫等地旅行。
1955—1957	在萨尔茨堡莫扎特音乐学院学习声乐和表演。
1957	发表第一部著作：诗集《世上和阴间》。
1960	参加戏剧演出。
1963	散文作品《严寒》由德国岛屿出版社出版，引起德语国家文学评论界的注目，报界认为这是文学创作一大重要成就。到波兰旅行。
1964	发表短篇《阿姆拉斯》。获尤利乌斯·卡姆佩奖。
1965	在上奥地利州的奥尔斯多夫购置一处旧农家宅院，后来又在附近购置两处房产，整顿和装修持续了几乎十年。由于伯恩哈德的身体状况，医生要他经常去欧洲南部有阳光和空气清新的地方，实际上他很少住在奥尔斯多夫这一带，但是这些地方成为他作品里人物活动的中心。获德国自由汉莎城市不来梅文学奖。
1967	发表长篇《精神错乱》。获德国工业联邦协会文化委员会文学奖。由黑德维希·斯塔维阿尼切克女士资助，伯恩哈德住进维也纳一家医院治疗肺病。从此黑德维希伴随伯恩哈德经历了他生活中的喜怒哀乐。她成为伯恩哈德生活的中心，反之亦然。在《历代大师》中，主人公雷格尔回忆妻子的许多话语反映出伯恩哈德与她之间的关系。

1968	发表散文作品《翁格纳赫》。获奥地利国家文学奖和安东·维尔德甘斯奖。

1968 发表散文作品《翁格纳赫》。获奥地利国家文学奖和安东·维尔德甘斯奖。

1969 发表散文作品《玩牌》、短篇集《事件》等。

1970 第一个剧本《鲍里斯的节日》由德国著名导演克劳斯·派曼执导，在汉堡话剧院首演，之后德语国家许多知名剧院都将该剧纳入演出计划。后来派曼应邀到维也纳执导多年。伯恩哈德的杰出戏剧成就在某种程度上得益于这位导演的艺术才华。同年发表散文作品《石灰厂》。获德国文学最高奖毕希纳奖。

1971 到南斯拉夫举行朗诵作品旅行。发表散文作品《走》和电影剧本《意大利人》。

1972 由派曼执导的《无知者和疯癫者》在萨尔茨堡艺术节首演，由于剧场使用方面的一个技术问题与萨尔茨堡艺术节主办方发生争执，该剧被停演。获弗朗茨·特奥多尔·乔科尔文学奖和格里尔帕策奖。退出天主教会。

1974 戏剧作品《狩猎的伙伴们》在维也纳城堡剧院上演。《习惯的力量》在萨尔茨堡艺术节上首演。获汉诺威戏剧奖。

1975 自传性散文作品系列第一部《原因》问世。戏剧作品《总统》首演。发表散文作品《修改》。

1976 戏剧作品《著名人士》《米奈蒂》首演。发表自传性散文作品《地下室》。获奥地利联邦商会文学奖。萨尔茨堡神父魏森瑙尔把伯恩哈德告上法庭，指控《原因》中的人物弗朗茨是影射他，玷污了他的名誉。

1978	发表剧本《伊曼努尔·康德》、短篇集《声音模仿者》、散文作品《是的》(即《波斯女人》),以及自传性散文作品《呼吸》。
1979	伯恩哈德以戏剧作品《退休之前》参加关于德国巴登-符腾堡州州长是否具有纳粹背景的讨论。在联邦德国总统瓦尔特·谢尔被接纳进德国语言文学科学院后,伯恩哈德宣布退出该科学院,不再担任通讯院士。
1980	德国波鸿剧院首演《世界改革者》。
1981	戏剧作品《到达目的》首演。发表自传性散文作品《寒冷》。
1982	发表长篇散文作品《水泥地》《维特根斯坦的侄子》,以及自传性散文作品《一个孩子》。戏剧作品《群山之巅静悄悄》首演。
1983	散文作品《沉落者》问世。
1984	戏剧作品《外表捉弄人》首演。发表散文作品《伐木》引起麻烦,由于盖哈德·兰佩斯贝格声称名誉受到该作品诋毁而起诉了作者,该书被警方收缴。翌年兰佩斯贝格撤回起诉。进入1980年代,黑德维希·斯塔维阿尼切克健康状况变坏,1984年病故,在维也纳格林卿公墓与其丈夫埋葬在一起。
1985	发表长篇散文作品《历代大师》。萨尔茨堡艺术节上演《戏剧人》。
1986	戏剧作品《就是复杂》在德国柏林席勒剧院首演。萨尔茨堡艺术节上演《里特尔、德纳、福斯》。发表篇幅最长的、最后一部散文作品《消除》,一出

奥地利社会的人间戏剧，主人公的出生地沃尔夫斯埃格成为奥地利历史的基本模式。

1987　发表剧作《伊丽莎白二世》。

1988　由派曼执导的伯恩哈德的话剧《英雄广场》提醒人们注意 50 年前欢呼希特勒的情景并没有完全成为过去，由于剧情提前泄露引起轩然大波，奥地利第一大报《新闻报》抨击该剧"侮辱国家尊严"，某位政治家要求开除剧本作者的国籍，部分民众威胁作者和导演当心脑袋，演出推迟三周后才冲破重重阻力，于 11 月 4 日在维也纳城堡剧院首演，演出盛况空前，引起欧洲乃至世界的关注。

1989　2 月 10 日伯恩哈德在遗嘱上签字，主要内容是在著作权规定的 70 年内禁止在奥地利上演和出版他已经发表的或没有发表的一切著作。由于长期患肺结核和伯克氏病，并出现心脏扩大症状，加之呼吸困难和心力衰竭，2 月 12 日伯恩哈德在上奥地利州的格蒙登逝世。2 月 16 日遗体安葬在维也纳格林卿公墓，与其命中贵人黑德维希·斯塔维阿尼切克女士及其丈夫葬在一起。

文景

社 科 新 知 文 艺 新 潮

Horizon

我的文学奖

［奥地利］托马斯·伯恩哈德 著

马文韬 译

出 品 人：姚映然

责任编辑：高晓明

营销编辑：杨 朗

装帧设计：XYZ Lab

出 品：北京世纪文景文化传播有限责任公司
（北京朝阳区东土城路8号林达大厦A座4A 100013）

出版发行：上海人民出版社

印 刷：山东临沂新华印刷物流集团有限责任公司

制 版：南京展望文化发展有限公司

开 本：787mm×1092mm 1/32

印 张：5 字 数：87,000 插 页：2

2025年1月第1版 2025年1月第1次印刷

定 价：59.00元

ISBN：978-7-208-17560-0 / K·3188

图书在版编目（CIP）数据

我的文学奖 /（奥）托马斯·伯恩哈德
（Thomas Bernhard）著；马文韬译.—上海：上海人
民出版社，2022

书名原文：Meine Preise

ISBN 978-7-208-17560-0

Ⅰ.①我… Ⅱ.①托…②马… Ⅲ.①托马斯·伯恩
哈德—回忆录 Ⅳ.①K835.215.6

中国版本图书馆CIP数据核字（2022）第000924号

社科新知　文艺新潮　｜　与文景相遇

微信公众号　　　　微　博　　　　　豆　瓣

bilibili　　　　　抖　音　　　　　小红书